5000人を超える公認会計士受験者を指導した
人気講師が伝授する

勉強法のキホン

ラクラク合格「資格」勉強法

尾崎智史
TOMOFUMI OZAKI

ぱる出版

はじめに

前作を出版してから、気づけば5年近くが経ちました。この5年間、私自身さまざまな経験を積み、より多くの受験生と話をしたり、勉強の悩みを聞いてきました。

前作には、反響もたくさんありました。「あの本を読んでモチベーションが上がり、合格できました」「勉強の方向性が定まりました」「もっとこういった話が聞きたい」など、嬉しい報告もいただいています。

このたびは、前作をベースにしつつ、改良を加えたり、丸々1章分を差し替えたりしながら、前作よりパワーアップした書籍にさせていただきました。特に、この5年間で変わったのは、コトバに対する意識です。試験で結果を出しやすい人は、いったいどんなコトバを選び取って行動しているのだろう。どういったコトバを持っていれば、受験勉強を成功させることができるのだろう。そんなことを考える機会が増えていきました。

「いい言葉は、いい人生をつくる」、とは斎藤茂太さんの言葉ですが、「いいコトバは、いい受験生活をつくる」とも言えるのではないか。そう思い、本書では前作以上に「コトバ」にこだわっています。

本書を読むことで、「いいコトバだな」と思うものを1つでも2つでも見つけていただき、それを、これからの受験生活に活かしていただけたなら、それ以上の喜びはありません。

第1章から第4章までは、前作からの加筆修正などを中心に行っています。前作でも、勉強の基本となる部分をたくさん書いてきましたので、知っておいて欲しいことはそのまま残しつつ、編集を加えています。

第1章では、試験に臨む前の心構えや、勉強する際に意識しておきたいメンタル、モチベーションの話など、勉強の基本について書いています。

第2章では、受験勉強をするためには必ず考えなければならない、時間の作り方や時間の使い方について書いています。

第3章では、具体的な勉強方法について書いています。読む勉強、書く勉強だけではありません。

第4章では、試験の直前から当日に注意すべきことについてまとめています。どれだけ努力してきても、直前や当日の過ごし方を誤ると努力が水の泡になりかねませんので、重要です。

第5章では、受験の際に力になってくれるようなコトバを選び、紹介しています。ぜひ、読みながら感じたことを余白に書き込んで、どんどん本を汚してみてください。

はじめに（旧著）

「番号が、ない！」

2006年11月20日、公認会計士試験の合格発表日、私は自宅のPCの前で呆然としていました。何かの間違いではないか？　そう思って何度も画面をスクロールさせてみるも、やっぱり私の受験番号はそこにはありませんでした。

なぜか涙は出ませんでした。何が何だかよく分からないまま家を飛び出し、勉強していた予備校へ。そして、その日は同じく不合格だった友達と飲んだことくらいしか記憶にありません。

こんな経験は二度としたくない。そう思った私は、その後、猛烈に勉強しました。成績はぐんぐん伸び、翌年の試験では無事合格。そして、これから会計士を目指す人たちには自分と同じ思いをして欲しくない、一人でも多くの人を合格させたい、という思いから、予備校の講師になる道を選んだのです。

初めまして！　公認会計士の尾崎智史と申します。

現在、資格の学校ＴＡＣ《タック》にて、公認会計士を目指す人たちに簿記を教えています。

本書を手に取ったあなたは、「これから資格取得のために勉強してみようかな」と思っているか、「既に資格のための勉強を始めたけれど、良い勉強方法は何かないかな」と思っていることでしょう。そんなあなたのために、この本を書きました。

私自身、公認会計士試験の勉強をしている頃からずっと疑問に思っていることがありました。それは、同じ大学に通い、同じ予備校に通って、同じ教材を使い、同じ講義や模試を受けているにもかかわらず、なぜ合格できる人と合格できない人がいるのか、ということ。

時間がたっぷりあるはずの学生で不合格になる人がいる一方で、仕事をしながら合格してしまう人もいる。彼らの違いはどこにあるのか。TACの講師になってからも、その違いについて考える日々が続きました。

2年半にわたる受験生活と7年にわたる講師生活を経て、少しずつその違いが分かってきました。

私自身が、公認会計士の受験時代に初めて受けた全国模試の成績の順位は、四桁でした。ほとんど手も足も出ないという状態だったのです。それが、合格する直前に受けた同じ模試では一桁順位、偏差値は74・2というところまで成績を上げることができたのです。

初めての模試のときには、勉強法を誤っていました。というよりも何も考えずにただガムシャラに勉強していました。ガムシャラな勉強の結果、予備校の成績はそこそこ伸びていき、受験1年目の最後の模試ではかろうじてA判定まで持って行くことはできました。しかし、本番の結果はあえなく不合格。

相当落ち込みました。なぜ、あんなに頑張って勉強したのに不合格になってしまったのだろう。なぜ、自分より勉強していないあの人が合格したのだろう……。悩みに悩みました。数日間、魂が抜けたようになり、何も手に付きませんでした。

しかし、いつまでも落ち込んでいるわけにもいかず、1週間ほどしてから再び受験を決意し、勉強を再スタート。初受験のときの失敗原因を考え、同じことを繰り返さないように心掛け勉強しました。

成績が伸びない原因には大きく2つあると思います。

一つは、勉強時間が圧倒的に足りていないこと。もう一つは、勉強する方向が誤っていること。

図にすると9ページのようなイメージです。

勉強の結果は「量と質」で決まります。そのいずれかが欠けてしまっても合格することは難しくなります。量と質をどのように高めていけばよいのか、本書を読むことで身に付けていただきたいです。

そして、なぜ「量と質」が欠けてしまい、不合格になってしまうのかというと、ゴールが曖昧だからです。難しい試験であればあるほど、ゴールが遠く見えてしまいます。ですから、ゴールが曖昧なままに走り出してしまう。そうではなく、あくまでもゴールから逆算するのです。本書を読むことで、ゴールすなわち目的から考える、ということを強く意識できるようになっていただければ幸いです。

また、そうなるためには勉強に対する思考を変えていただく必要があります。たとえば、Windowsという OSがあるからこそ、Word や Excel といったアプリケーションが起動します。

OSというのは考え方、思考の部分であり、アプリケーションというのは具体的な勉強法のことに置き換えられるでしょう。いくら勉強法を学んだところで、その根幹となる考え方が身に付いていなければ、表面的には真似できていても、結果にはつながらないでしょう。

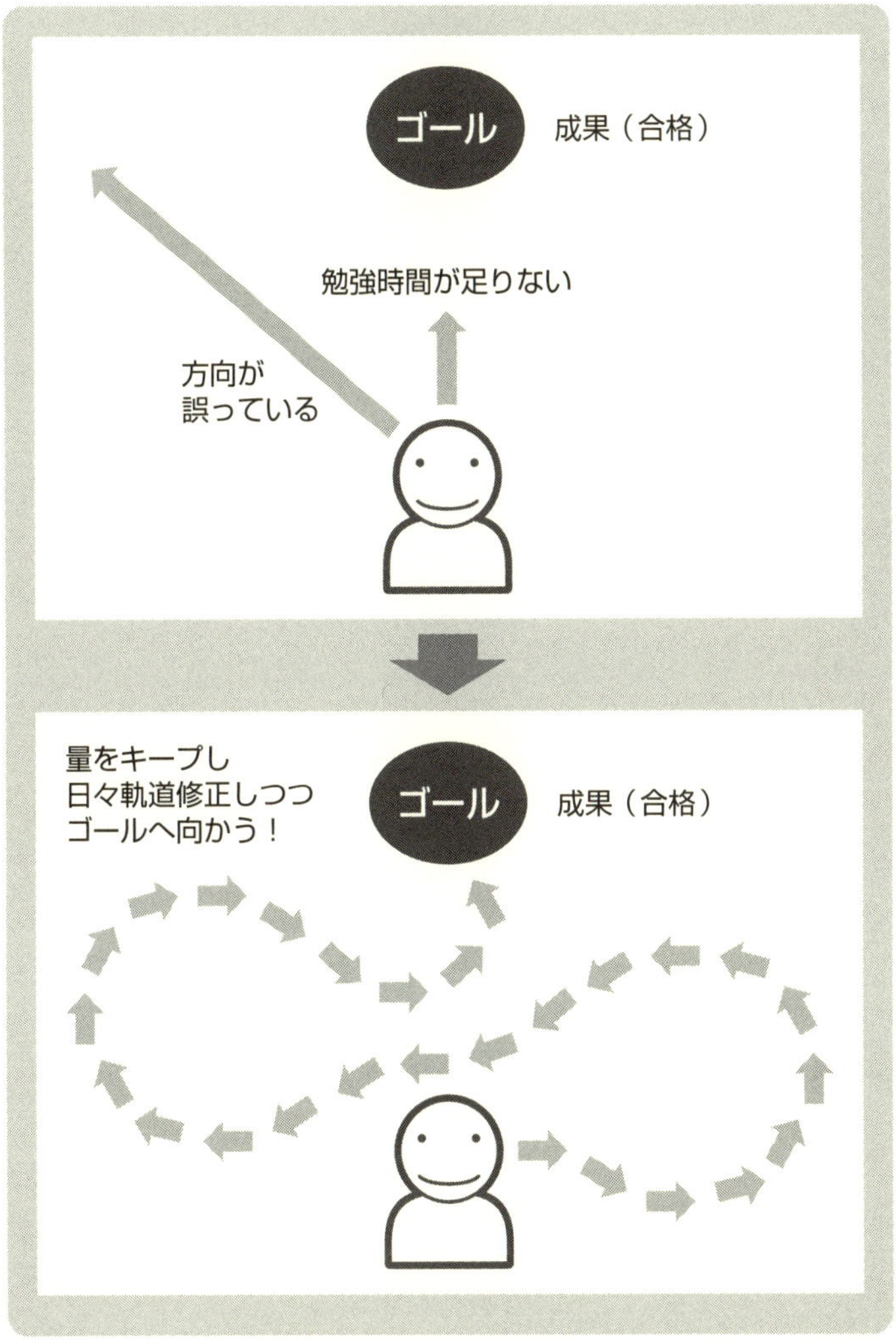
ゴール
成果（合格）
勉強時間が足りない
方向が
誤っている
量をキープし
日々軌道修正しつつ
ゴールへ向かう！
ゴール
成果（合格）

勉強に関するＯＳの書き換え。勉強法に悩んでいるあなたに必要なのは、それなのかもしれません。

どうすれば試験に合格することができるのか。どうすれば結果を出すことができるのか。自分自身の失敗経験、それを乗り越えて成績上位で合格できた経験、さらに予備校の講師として多種多様な人を指導してきた中で得られた経験を、本書では余すことなくお伝えしたいと思います。

※本書は２０１４年７月に刊行した『難関資格に確実に合格する勉強法』を大幅に改訂したものです。

勉強法のキホン

【ラクラク合格「資格」勉強法】

もくじ

第1章 勉強の基本のキ

第2章

合格のための時間術

第3章

合格のための勉強術

第4章

試験当日を乗り切る技術

第5章

受験に効く「いいコトバ」

カバーデザイン▼EBranch 冨澤 崇
本文図版作成▼原 一孝
本文レイアウト▼Bird's Eye

第1章

勉強の基本のキ

◉どんな資格にも共通する、勉強の基本があります。それは、具体的な勉強方法を考える前の、そもそも論の話。主に、メンタルやモチベーションに関する内容です。どれだけ勉強法を知っていたとしても、それを使うモチベーションがなければ、受験は成功しません。試験当日までちゃんと辿り着くために、まずは勉強を続けるための土台となる考え方を知っておきましょう。私自身の2年半に及ぶ会計士の受験経験や、その後の12年に及ぶ講師生活で得た経験を踏まえて、受験生活を乗り切るメンタル、モチベーションを維持する考え方などに触れていきます。この章を読んで、勉強の基本のキ、勉強のOSをインストールしていただければ。

資格を取りたいと思った瞬間をメモする

あなたは「資格を取ろう！」と自分で決意したと思います。なぜ、そう決意したのですか？　必ず理由があるはずです。

・将来が不安で、とりあえず何か資格を取っておけば何も資格を持っていないよりはいいだろうと考えたから
・バリバリ働いてバリバリ稼ぎたい
・異性にモテたい
・周りに勉強している人が多く、その人の話を聞いて面白そうだと思ったから
・親がその資格を持っており、その資格で仕事をしているから
・その資格で世の中を変えたいなど、使命感を持って
・誰かを見返してやりたい
・会社の業務で必要

多くの場合はいずれかに当てはまるでしょう。あるいはいずれかの組合せということもあるかもしれませんね。

私も、大小合わせて10個くらいの理由があります。そのうちの1つは、とある人がリストラされた話を聞いたから。

その人は世間的にはいわゆる高学歴で、名前を聞けば誰もが知っているような超有名大学を卒業しています。それでも、切られるときはバッサリ切られてしまうんだな、という残酷な事実を知り、将来に不安を覚えたのです。

いざというときに自分の身を守るために、何か強力な武器を持っていたほうがいいだろう、という安易な考えで、なんとなく公認会計士を目指し始めました。

正直、公認会計士がどんな仕事をするのかも知らないままに勉強を始めたくらいですから、使命感とかそんなものは一切ありませんでした。どちらかというとカッコイイとか、モテそうとか、稼げそうという理由が強かったですね。

どの理由にしても、資格を取ろうと決めた瞬間があるはずで、そのときが最もモチベーションが高まっている瞬間です。そのときの思いを、ぜひノートに記しておきましょう。

私は講義中によく「TACに申し込んだときの気持ちを思い出してください」と言っています。「初心忘るべからず」という言葉もあるくらいです。

やはり初心はとても大事なこと。受験期間が長い試験になればなるほど、途中で断念してしまう可能性が高いです。そうならないためにも、常に初心に帰れる状態を作っておくことが重要です。

今からでも遅くはありません。ぜひとも試験合格に向けたアツイ思いをノートに書き殴ってやりましょう。

そして、時々見返すようにしてください。週に1回見返すだけで、やる気がみなぎってくることでしょう。

忘れることは、いいことだ

一度覚えたはずのことなのに、数日経つと忘れてしまっているという経験は誰にでもあるはずです。どうして、覚えても覚えても忘れてしまうんだろう、と勉強がイヤになってしまった経験をお持ちの人もいらっしゃるかもしれません。

でも、人間は忘れる生き物。東進ハイスクールで英語を教えている安河内先生は、「間違うことはいいことだ！　人間、間違わなかったら進歩がないでしょ！」と仰っています。

それと同じで、「忘れることはいいことだ！　人間、忘れなかったら新しいことが覚えられないでしょ！」ということなのです。

忘れても落ち込まないことが重要です。忘れないようにするため、覚えるために効果的な方法は後ほど書いていきますが、忘れてしまっても構わないんだ、という意識を持っておいてくださいね。

ごく一部の天才的な人を除いて、一度見たり聞いたりしただけで覚えられるなんてことはまずありません。

忘れるからこそ、何度も復習を繰り返す。その過程で、記憶が強固になっていくのです。

勉強とは「緊急」ではないが「重要」であること

あらゆる物事は、４種類に分けられるといいます。

①緊急であり、重要であること
②緊急ではないが、重要であること
③緊急であるが、重要ではないこと
④緊急ではなく、重要でもないこと

資格の勉強などは、典型的な第Ⅱ領域でしょう。

会社の規定で資格取得が義務づけられている場合を除いては、資格を取ることについての緊急性は低いはずです。しかし、勉強をすることは長期的にみるととても大切なことです。

ほとんどの人が第Ⅰ領域の次に第Ⅲ領域、そして第Ⅳ領域へと流れて行ってしまいます。

ついテレビを見てしまったり、携帯をいじってしまったり、何となくFacebookや

	緊　急	緊急でない
重要	Ⅰ ・締切の迫っている仕事 ・熱を出した子供のお迎え	Ⅱ ・健康のための運動、筋トレ ・読　書 **資格の勉強はココ**
重要でない	Ⅲ ・行きたくない突然の飲み会 ・上司の延々と続く自慢話	Ⅳ ・目的なくダラダラ見続けるテレビやYouTube

Twitterを眺めてしまったり。

人間は、基本的には意志が弱く、ラクなほうへラクなほうへと流されやすい生き物だと思います。第Ⅱ領域は、強く意識していないと簡単には行うことができないようになっているのです。

資格を取ると決意することで、日々第Ⅱ領域に時間を投下することになります。それが、後々効いてきます。毎日、30分でも第Ⅱ領域に時間を費やした人と、第Ⅳ領域ばかりに時間を費やしてしまった人の差は、10年後には歴然たるものになっているはずです。

短期的な合否に気を取られることなく、長期的に考えて資格取得に臨んでください。

受験仲間がいる人ほど、合格可能性は高くなる

受験勉強は一人でやるものだと思っている人もいらっしゃることでしょう。確かに受験勉強をするだけであれば、一人でもできます。ただし、私の経験上、相当意志の強い人でなければ、どこかでつまづいたときに、続けることができなくなってしまう

可能性が高いです。

受験勉強仲間を作ることができる環境にあるのであれば、ぜひ勉強仲間を作りましょう。勉強仲間を作るメリットは3つあります。

①分からないときに気軽に、すぐに質問できる
②ライバルとしてお互い高めあえる
③やめたくなったときの抑止力になる

①については、説明するまでもないでしょう。講師に直接質問するのが最も手っ取り早いのですが、なかなか気軽に聞けないこともあると思います。そんなときでも、友達であれば気軽に質問することができます。

②については、よりよい成果を出すためには必要なこと。なぜ陸上競技などのタイムを争う競技は一人ずつではなく複数人で同時に走るのでしょうか。それは、そのほうが好記録が出るからです。

自分と同じか、あるいはそれ以上の実力を持った人と一緒に走ることで、お互いがお互いを意識し、しのぎを削ります。その結果、両方とも良い結果となることがあります。

私も、受験時代には友達を誘って、テストの結果で勝負をしていました。そして、負けたほうが勝ったほうにラーメンをご馳走するのです。当時はアルバイトもせずに勉強に専念していたため、ほとんどお金はありませんでした。ですから、なんとしても勝たなければ！　と思って必死に勉強した記憶があります。

注意点としては、傷の舐め合いだけの関係になってしまわないようにすること。確かに、長くて厳しい受験勉強ですから、へこむこともあるでしょうし嫌になることもあるでしょう。そんなときに、勇気づけてくれたり、やる気を取り戻させてくれるような仲間が理想です。

叱咤激励《しったげきれい》しあえる仲間ができれば最高です。

③については一緒に学んでいる仲間がいることで、ちょっと勉強をやめたくなったときに歯止めがきくということです。

あいつも忙しいなかで頑張っているんだから、自分もあとちょっとだけ頑張ってみようかな、という思いが芽生えてきます。一人で勉強していると、そのようなことを考えることがありませんので、歯止めがききません。

私も、何度受験時代の仲間に助けられたことでしょう。本人たちに直接伝えたことはありませんが、本当に感謝しています。

リアルに仲間を作れない場合であっても、最近ではSNSを通じて受験仲間を作ることが可能です。勉強していて孤独を感じたり不安で仕方ないならば、SNSを通じて仲間を探してみるのも良いかもしれません。

初期においては、苦手科目の克服より、得意科目をつくる

複数の科目がある試験の場合（たとえば公認会計士試験）は、単一科目しかない場合（たとえば日商簿記検定3級試験）に比べ、どのように勉強を進めていけばよいかという戦略が大切になってきます。

そのような場合、大きく2つの考え方があります。

①苦手科目をつくらないように、満遍なく学習してバランスを保つ

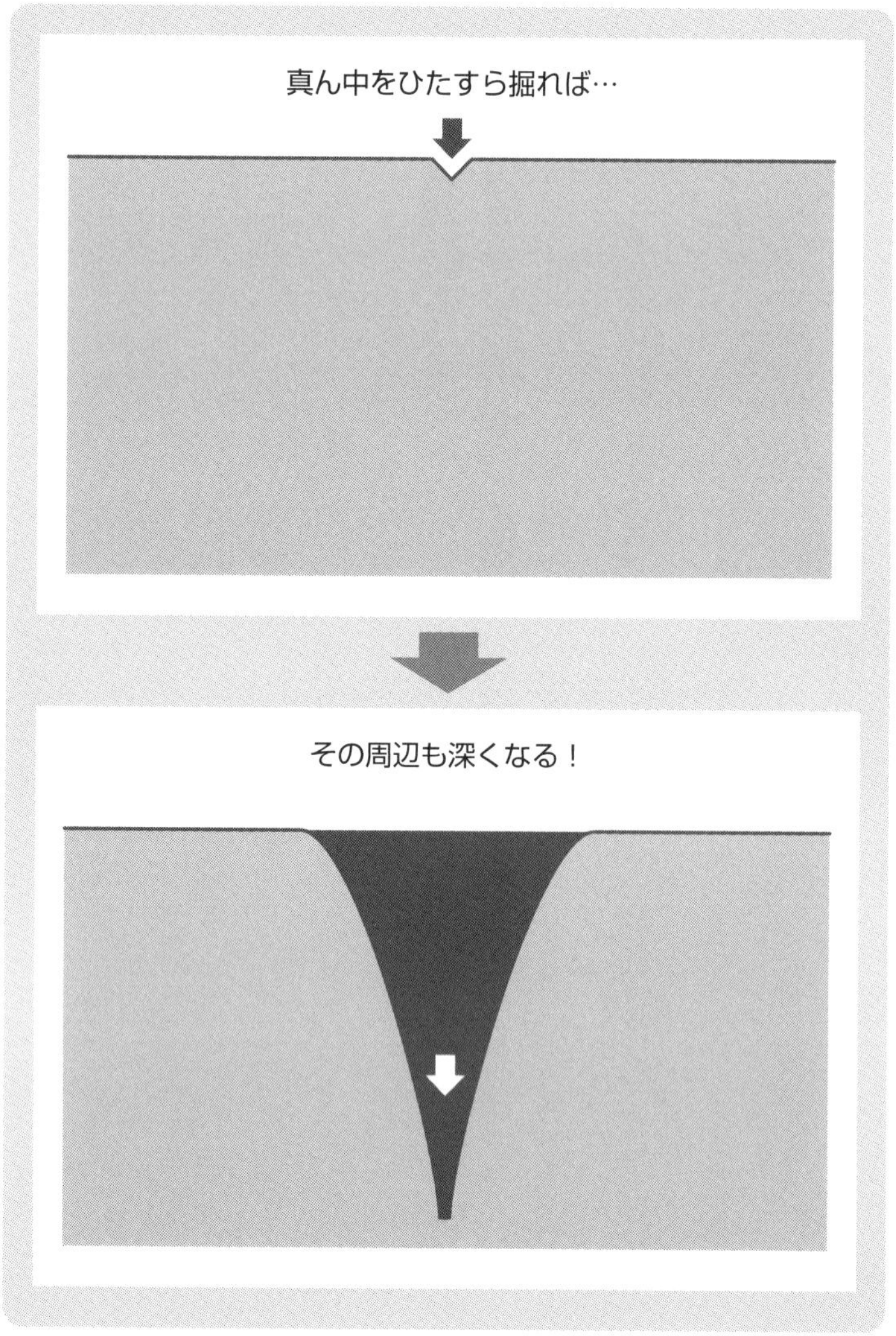
真ん中をひたすら掘れば…
その周辺も深くなる！

②得意科目をつくってガンガン伸ばしていく

①のほうが、一見すると良さそうな気がします。確かにそのほうがいいよなぁ〜、苦手はつくらないようにすべきだよなぁ〜と納得する人も多いかもしれません。しかし、苦手科目をつくらないということは、裏を返せば得意科目もつくらないということです。

得意科目があると、それは自信になります。確実に点数が見込めるということで、精神的な安心感も得られます。得意科目をつくる過程で「勉強ってこうやればいいんだ！」というのが感覚的につかめます。まずは1科目、得意科目をつくってみてください。

脳の機能の1つに、「汎化《はんか》」があります。何か1つの能力が伸びると、それには直接関係しない部分の能力も伸びていく、というもの。まず1科目突き抜けることで、別の科目に良い影響を及ぼすはずです。

「深く穴を掘れ、穴の直径は自然に広がる」

「強みに集中すること。弱みでは何もできない」

という私の好きな言葉があります。

　得意科目をつくり、それを深く深く掘り下げていくことで、結果として穴の直径、すなわち他科目へも広がっていくのです。深めて広げて、広げて深めて。それを繰り返すことで、結果としてすべての科目を得意科目とすることができるでしょう。

勉強したことを記録し続けると、やる気が出る

　もしあなたがダイエットで３kg減量しようとしたとします。まず始めに何をしますか？　おそらく、現時点の体重をはかって記録しておきますよね。

　今の体重も分からないのに、ダイエットなどできません。今の体重が分かって、そこから３kg減らそうとするのがダイエットです。

　では次に何をするでしょうか。おそらく日々のカロリー、あるいは食べたものを記録するはずです。それによって、日々のカロリーをコントロールしてダイエットにつなげることができます。

そして、最も大事なことは、それらを**継続して記録し続ける**ということです。1日だけ記録してオシマイではないのです。毎日毎日、記録をとり続ける。それによって変化が見えてきます。

食べ過ぎた翌日は体重が増えるでしょうし、夜の飲み会を断った翌日は体重が減ります。このようなことを続けていくことで、ダイエットが少しずつ進んでいくものなのです。体重をコントロールできる人は、体重や食事などを記録し続けている人なのです。

同じように、**勉強のできる人は、勉強したことを記録し続けている人**です。毎日、勉強した時間、勉強した科目、解いた問題数などを記録しましょう。ポイントは、とにかく、毎日記録するということです。

仮に、まったく勉強できなかった日があったとしても、0分と必ず記録しておいてください。記録することで、意識にあがってきます。0分と書くことで罪悪感が芽生え、勉強しないことがだんだん気持ち悪くなってくるのです。少なくとも毎日少しは勉強しないと気が済まなくなってくるはずです。

また、**時間だけでなく、解いた問題数を記録する**ことも重要です。

時間だけであれば、ダラダラしていても過ぎていきます。そこに問題数を加えることで、集中しようという意識が働くのです。

昨日は1時間で5問も解けたのに、今日は1時間で2問しか解けなかったとすると、集中力が足りなかった可能性があります。何か心の中に引っかかっていることがあったのかもしれません。単純に、その論点が苦手だから進むのが遅くなったということもあるでしょう。

これらはいずれも、数値化しておくことで初めて分かることです。数値化しておくことで、自分を客観的に分析できるようになるのです。毎日の勉強時間と勉強量を一緒に記録しておくことをオススメします。

モチベーションは下がるものと心得よ

モチベーションの維持は受験生活においてとっても大切なことだと思っていませんか？

「モチベーションが上がらないんです」

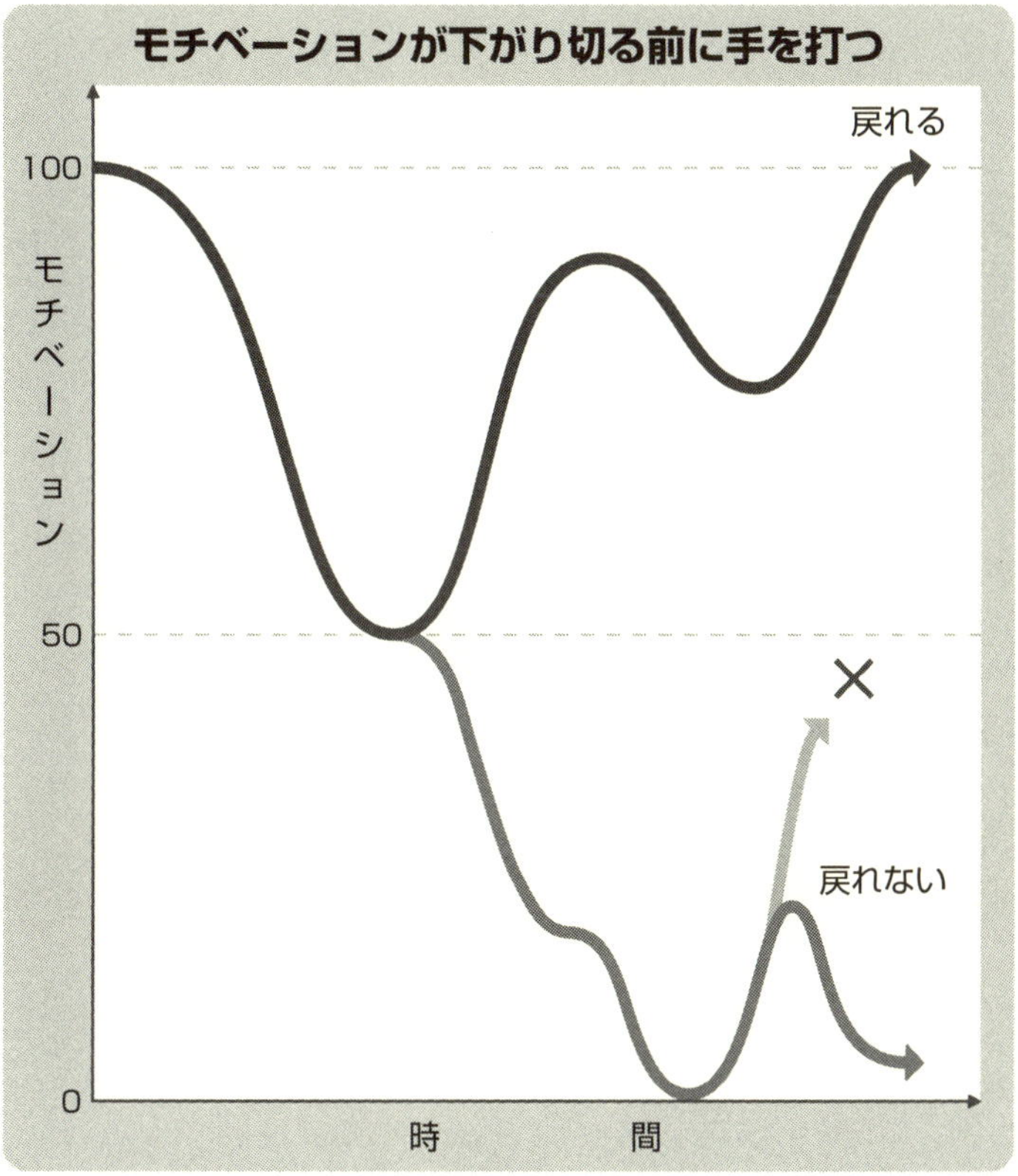
モチベーションが下がり切る前に手を打つ
100
モチベーション
50
0
戻れる
×
戻れない
時　間

「やる気が出ないんです」

という相談は、受講生から受ける相談の中でもかなり多いです。

モチベーションが上がらないと、自分が悪いんだと勘違いして自分を責めてしまう人もたくさんいます。

でも、ちょっと思考を変えてみましょう。「モチベーションが下がるのは悪いことではない、むしろ**モチベーションが下がるのは当たり前**のこと」であると。

資格を取ろうと思って勉強しているのにモチベーションが下がるなんて自分はダメな人間だ！　と思ってしまうと、どうしても後ろ向きになってしまって机に向かうのが余計に嫌になってしまいます。

モチベーションは下がるものであると思っていれば、モチベーションが下がったとしても冷静でいられます。大事なのは、モチベーションが下がってしまったその後なんです。

優秀な人は、必ずしも常に高いモチベーションを維持しているわけではありません。モチベーションが下がることを予め想定した上で、モチベーションが下がったときの自分なりの対処法を持っているのです。

私自身も、何故か分からないけれどもやる気が出なかったり、ちょっと寝坊してしまって一気にモチベーションが落ちてしまったりしました。

プライベートで嫌なことがあったり、大学で面倒な課題が出たりしても同じような状況。そんなときは、決まってカラオケに行っていました。カラオケに行って2時間も歌えばリフレッシュでき、スッキリした状態に戻ることができます。

ちょっと調子出ないな、というときにはいつもカラオケでした。そうすることで、通常100あるモチベーションが50くらいになったとしても、それ以下には落とさずに済んだのです。

仮に自分なりのモチベーション維持方法を持たずにいたならば、モチベーションが0にまで落ち込み、丸々1ヶ月勉強しないという事態を招いてしまったかもしれません。


モチベーションは下がるものと心得たうえで、下がってしまったときに一定以下にまで落とさないための対処法を今のうちから見つけておきましょう。

ちなみに私の同期だったJさんは、日曜日は完全オフにしていたそうです。日曜日を楽しみに、月~土はひたすら勉強したということです。Jさんは全国模試で3位という驚異的な成績を残して一発合格したすごいヤツです。

かといって、1週間丸々缶詰状態で勉強していたわけではないのですから、不思議ですよね。これは、きちんとモチベーションを保って淡々と勉強し続けた結果なのでしょう。

モチベーションを一定以下まで落とさないために

では、どのようにモチベーションを維持していけばいいのでしょうか。そのためには、**仕組み化してしまう**ことが必要です。一定以下まで落ちない仕組み。これを考えましょう。


たとえば、モチベーションが低いからといって歯を磨かないということはないですよね。これも、歯を磨くことが仕組み化されているからです。

仕組み化されているという意識はないかもしれませんが、実は、仕組み化が習慣化した結果なのです。多くの人は、子どもの頃に、食後には必ず歯を磨くよう親から言われてきているはずです。

これは、親に歯磨きをするよう指摘してもらう、という仕組みなのです。それを仕組みとして意識していないだけで、れっきとした仕組みです。

毎朝6時に起きたければ6時に目覚ましをセットするのと同じこと。食後に歯を磨けるよう、親が仕組みとなってくれていたのです。それが毎日毎日繰り返され、最終的には何も言われなくても歯を磨けるようになります。さらには、磨かないと気持ち悪いレベルになるのです。

ですから、まずは仕組み化できないか考えてみましょう。たとえば、家の中のいたるところに覚えたいものを貼り付けるというのは有効な手段の一つでしょう。嫌でも目に入るので、勉強時間ゼロということにはならなくなります。

他にも、枕元にテキストを1冊置いておく、1日1回勉強内容をTwitterでつぶやく、勉強内容を記録するブログを書く、勉強日誌をつける、目標を紙に書いて机に貼っておくなど、何かしら勉強スイッチが入るような仕組みや継続する仕組みを取り入れてください。

また、ルーティンワークと呼ばれるものがあります。歯磨きも広い意味ではルーティンワークと言えますね。何も考えずに、短い時間でできること。私で言えば、朝起きたらSNSに投稿する、顔を洗う、歯を磨く、ひげを剃る、着替える、というのは一連の動作として毎日のルーティンワークになっています。

決まった時間に決まったことを決まった分だけやる。

勉強でも同じことが言えます。

毎日勉強することが当たり前の状況をつくってしまえば、モチベーションが高かろうが低かろうが、勉強できるはずです。いきなり毎日5時間を当たり前にするのは難しいので、まずは10分でいいから、これだけは毎日やろう、というものを決めてみてください。

その日1日で何ができるようになったかに焦点をあててみる

モチベーションが落ちてしまう原因の一つに、本当に自分は合格できるのか、本当に成長しているのか、進歩しているのか、分からなくなってしまうというものがあります。

そんなときは、今日1日でできるようになったこと、昨日の自分から変わったことを思い出し、記録してみてください。

昨日できなかったことが今日はできていた。それは本当に嬉しいことですし、成長の証です。

自転車に初めて乗ることができたときの喜びを覚えている人は少なくないでしょう。その感覚です。

毎日毎日乗っていてもなかなか乗れない。親に後ろを支えてもらいながらゆっくり手を離してもらう。けれどもすぐに転んでしまう。

それを、何度も何度も何度も何度も繰り返していると、あるとき、ふっとバランスがとれて乗れるようになります。

ものすごく嬉しい瞬間です。もしかしたら、人間が初めて何かを達成する喜びを実感するのは、実は自転車に乗れた瞬間なのかもしれませんね。

その喜びを勉強にも取り入れてみましょう。昨日までできなかったことが今日はできた。それは素晴らしい成長なのです。

勉強していると、できることよりもできないことに目がいきがちになります。初めて目にする問題は、できなくて当たり前なので、できることが2割、できないことが8割くらいなものです。そこでできない8割のことばかり考えていては、気持ちが沈んでしまいますが、逆に言えば2割もできているのです。

これは素晴らしいことです。

その2割に目を向けられるような仕組みをつくりましょう。問題が解けたらシールを貼るとか、解けるようになった問題数をSNSでつぶやくなど、前に進んでいることを少しでも実感できるようにしていきましょう。

小さなことでも3連勝を積み重ねる

勉強を軌道に乗せるためにオススメなこと。それは、「小さな3連勝」を積み重ねること。まずは3回続けて勝利してみる。「小さな」3連勝ですから、何でも構いま

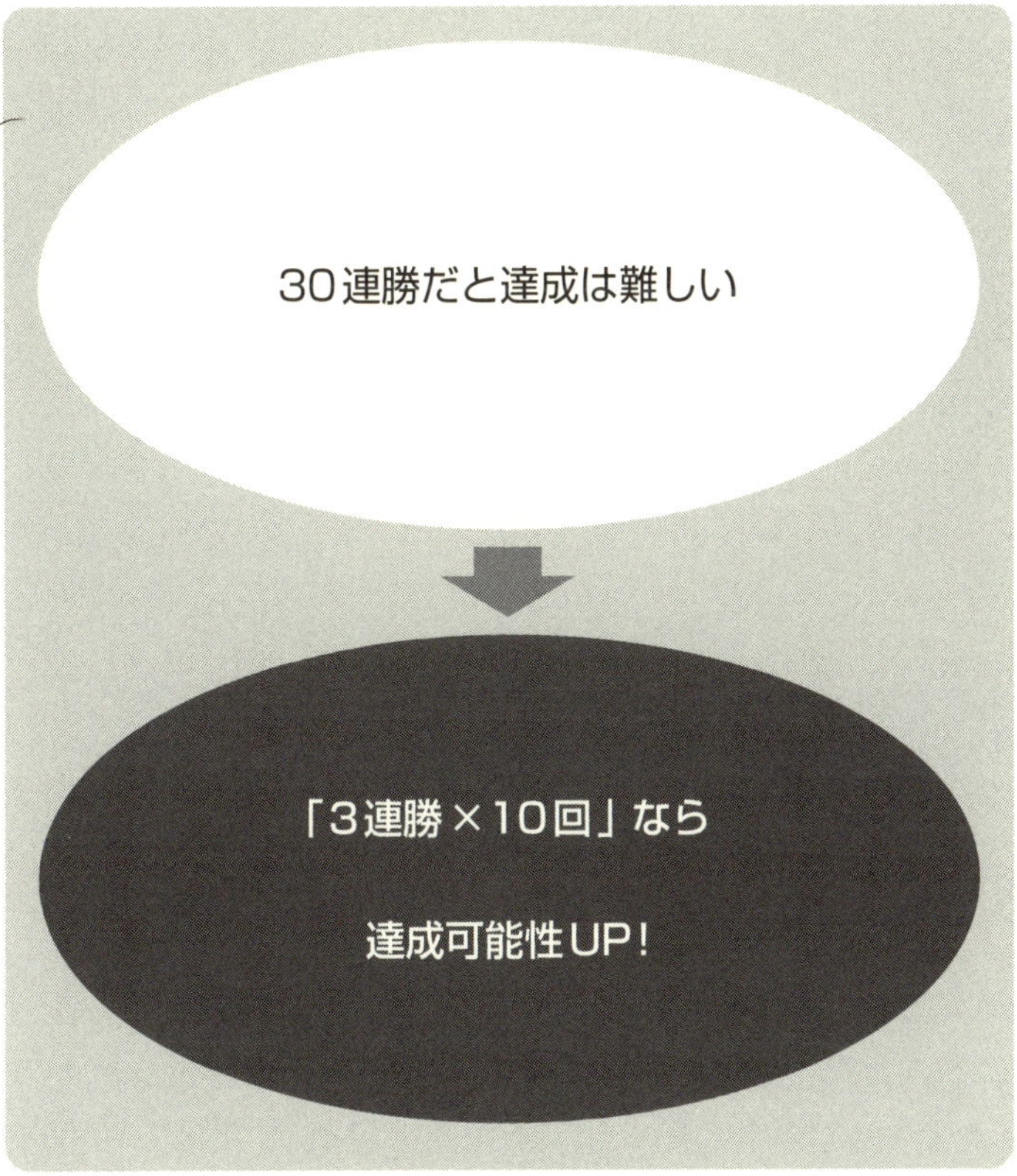
30連勝だと達成は難しい
「3連勝×10回」なら
達成可能性UP！

せん。

毎日7時に起きるという目標ならそれでもいいですし、小テストで80点をとるでもいいですし、毎日2時間は必ず勉強するというものでもいいです。

まずは3回連続を目指しましょう。そうすると、勢いが少しずつついてきます。3連勝できたら、また次も3連勝しようと思うことができます。

もし1回目で負けてしまっても、また次の機会からスタートすればいいですし、2連勝したけど負けてしまった、という場合であっても、まだやり直しが効くという心情になれるはずです。

これがいきなり1ヶ月の間毎日勝ち続けようとすると、途中でくじけてしまったときにリカバリーが効きにくく、一気に落ち込んでしまうのです。

30連勝ではなく3連勝×10回を目指す。

3回続くとけっこう嬉しいもので、ますますやる気にもなります。

もともと3連勝を目標にしていますから、達成できる可能性もかなり高いですし、やればできるんだ！　という思考に切り替わってきます。

私もこの考え方を採用して、1ヶ月間毎日ランニングをしたことがあります。3日間続けられると、なんだか身体も続けることに慣れてくるみたいです。勝ち癖もつくようです。

ぜひ小さな3連勝を積み重ねられるように目標を掲げてみてください。

受験はフルマラソンではなく、100m走である

会計士受験に関して言いますと、フルマラソンにたとえられることがよくあります。42・195㎞という長い距離ですが、少しずつでも進んでいけばいつかは必ずゴール（合格）できるということですね。

確かに、それはその通りだと思います。

しかし、受験生の中にフルマラソンを走ったことのある人がどれくらいいるでしょうか。ほとんどいないのではないかと思います。

走ったこともないフルマラソンに例えられても正直イメージしにくいのではないかと思うようになりました。

他に良い例えはないものかと思案していたところ、しっくりくる表現をみつけました。それは、「１００ｍ走」。１００ｍ走の経験がない人はいないでしょう。１００ｍ走がどんなものか、想像できますよね。

１００ｍ走は、１００％の力を出し切る全力ダッシュです。走り終わった後はゼエゼエしますが、少しすれば元通りになります。

これを、毎日毎日繰り返すイメージです。

全力で勉強し、１日が終わったらしっかりと睡眠をとる。翌日も同じように全力で勉強し、終わったらゆっくり休む。その繰り返し。

いきなりフルマラソンと言われると辛く険しい道のりのように思えてしまいますが、１００ｍ×受験までの日数と思えば、やれそうな気がしてきませんか。

合格パターンを読み解く

どの資格試験であれ、合格体験記というものが存在するはずです。インターネット

合格体験記の使い方

1	全体感をつかむ （大まかな勉強時間や各科目の時間配分など）
2	自分と似た環境で合格した人のものを探す
3	鵜呑みにしない
4	良いところを取り入れてみる
5	モチベーションの維持のために見返す

で調べてもたくさん出てくるでしょう（インターネットの場合には、情報元が信頼できるかどうかは必ず確かめてくださいね）。

「学問に王道なし」という言葉がありますが、受験勉強には王道があると思っています。それを見つける手っ取り早い方法が、合格体験記を読むことです。

合格体験記を読むと、とてもたくさんの合格者の声が載っています。それらを読み込むことで、共通する部分を感じ取ってください。

すべての人がまったく同じ勉強法や勉強スタイルということはあり得ませんが、似ている部分はいくつか見つけられるはずです。

勉強を始めた時期はいつ頃か、毎日何時間くらい勉強していたか、どの科目にどれくらいの時間を配分していたか、得意科目や不得意科目はあったのかなど、10人くらいのものを読めば大体共通点がつかめてくるでしょう。

合格者が共通して力を入れている科目、それがあなたも力を入れるべき科目です。

注意点としては、**すべてを自分に取り入れようとしない**ことです。

実際に試験を突破してきた人の言っていることですから、どれも説得力のあるものばかり。この方法もいいな、こっちもいいな、と思ってしまいます。

ですが、人によって環境が違っていたり、同じ勉強法でも合う合わないがあります。自分と同じような環境にいた人の方法や、これなら自分にも取り入れられそうだな、と思うものだけ試してみましょう。

合格体験記は合格への道しるべとなりますが、鵜呑みにしすぎないことが大事です。共通点はありますが、すべてが共通している人は一人としていません。合格者の数だけ合格方法があるとも言えます。

必要な部分だけを取り入れることと、次は自分もここに載るぞ！　というモチベーションのためにうまく活用してください。

合格後の姿をイメージする

イメージすること。これは大切です。人間は、イメージすることのできない自分にはなれないといいます。

人間が、空を自由に飛ぶ鳥というものを見て、「あんなふうに空を飛んでみたい」

と思うことがなければ、飛行機は発明されなかったでしょう。

合格した後、どんな人間になっていたいか、どんな仕事をしていたいかをイメージしましょう。


一番効果的なのは、実際に自分が取りたい資格を取って仕事をしている人に、直接会って話を聞くことです。予備校に通えば、自分が取りたい資格を取得している講師が指導してくれるでしょうから、手っ取り早いですね。

私自身も受験生時代には、会計士に合格している講師の講義を聞きながら、かっこいいな~、こんなふうになりたいな~と思っていました（勉強し始めた当初はまさか自分が講師になるなんてまったく想像もしていませんでしたが）。

もし身近にそのような人がいなければ、インターネットや書籍でその資格や仕事について調べ、できる限り具体的なイメージを持つようにしてください。それすら難しければ漠然としたイメージでも構いません。

なんとなくでも、かっこいいな~とかモテそうだな~と想像し、自分が達成していることをイメージしましょう。

今であれば、SNSを通じて、自分の将来の姿をすでに実現している人を簡単に探すことができるはずです。そういった人にコンタクトを取ってみて、話を聞いてみるのもいいでしょう。

感謝の心が足りないと、底力が出ない

ある子どもがイチロー選手に「大リーガーとして活躍する上で何が一番大事か」という質問をしたところ、こんな回答だったといいます。

「バットを地面に置かないこと。芝生の水をバットが吸うと、何億分の1の変化があって変わってしまう。それ以上にお父さん、お母さんが買ってくれた道具を大切にして、バット、グローブ、靴を磨くことです」

あのイチローでさえ、最も大切にしていることは**感謝の心**だったのです。

受験勉強をしていると、ついついイライラしてしまうこともあるでしょう。家族や友人の何気ない一言にカチンと来てしまうこともあるかもしれません。なんでこんな辛い思いをしなければならないんだと憤りを覚えてしまうことすらあるでしょう。

でも、**勉強ができていること自体、実はものすごく恵まれていること**なのです。勉強ができているという今の環境に感謝しましょう。今いる環境を当たり前と思わないことです。


世の中には勉強したくても満足にできない人がたくさんいます。そういった人に少しでも思いをはせることができれば、優しい気持ちになれます。勉強に対する姿勢も変わってきます。家族や友人にも感謝できるようになります。

どうせ勉強するなら、イライラ勉強やイヤイヤ勉強よりも、広い心で勉強したほうが楽しいですし効果もあがりやすいです。


私も受験時代、どこまで感謝できていたかというとあまり自信が持てないのですが、夜寝る前に「今日も1日ありがとう」と念じてから寝る生活をするようになりました。

特別に誰かに対してと言うわけではありませんが、今の環境に感謝することにより心が穏やかになったことは事実です。

どうせならみんなで気持ちよく勉強したいものです。自分だけよければいいという考え方ではなく、みんなで合格しようという考え方をしたほうが、良い結果につながることでしょう。

合格に必須「さしすせそ」の心得

合格に必要な「さしすせそ」をご紹介します。

◆「さ」最後までやり抜くこと

これは、当たり前のことですが、実はとっても大切なこと。難関資格になればなるほど、勉強を最後まで続けることが大変です。

会計士試験でも、残念なことに試験当日まで辿り着かずに受験を諦めてしまう人がたくさんいます。諦めずに最後までやり抜くこと。これが無ければ合格は不可能です。

◆「し」信じること

何を信じるのか。それは、自分自身です。自分はできると信じてあげることです。

自信がある人のほうが自信がない人よりも合格しやすいです。これは突き詰めてしまえば、絶対に合格できるという自信が持てるくらい、勉強しましょうということでもあります。手を抜いた勉強では、自分に自信は持てません。

◆「す」素直になること

私は、受験において最も大切な要素は、この素直さだと考えています。素直な人は吸収力も高いです。言われたことをすんなり受け入れますので、ドンドン伸びていきます。いいなと思ったことはドンドン取り入れます。まずは素直に受け入れること。これができない人は成長しません。

本当かな？　と思うようなことであっても、まずは一度自分の中に入れてみる。そうすることで色々な考え方や勉強法が自分の中に入ってきます。すると、合うものだけじゃなく合わないものも出てきますね。

これは当然です。すべてを受け入れ、試し、その中で自分なりの方法を確立すればいいのです。最初から拒絶する姿勢では、せっかくのチャンスをものにできません。

まずはだまされたと思って、素直に受け入れてみてください（ですから、この本の内容も、まずは素直に受け入れてくださいね）。

さ いごまでやり抜くこと

し んじること

す なおになること

せ いかくせいを大事にすること

そ うぞうりょくを発揮すること

◆「せ」正確性を大事にすること

資格試験において対立する概念として、「正確性」と「効率性（スピード）」が挙げられます。正確性を追求すればするほどスピードは落ちてしまいますし、逆にスピードを速めようとすればするほど正確性は落ちてしまいます。この二律背反の事象をどう捉えるかが難しいところです。

個人的な見解としては、スピードよりも正確性を重視すべきだと考えています。どんなにスピードを速めて解いたとしても、答えが間違っていれば0点です。あらゆる試験は、すべて解き終えなくても合格できます。すべて解かないと合格できない試験というのは、合格ラインが１００点満点ということですから。そんな試験はないでしょう。

たとえば70点が合格ラインだとした場合に、１００点分を解くためにスピードを速めた結果65点しかとれないよりも、最初から20点分は捨てて、80点分をじっくり丁寧に解くことによって70点をとったほうがいいということです。

当然ですが、１００点分をとれるスピードでかつ正確にできればそれが一番良いのは言うまでもありません。勉強を始めた段階でどちらを意識して欲しいかというと、あくまでも正確性なのです。

まずは正しく理解して、正しい解答を導き出せる力を付ける。そのあとで、スピードを速めるためにはどうしたらよいかを考えればいいのです。

◆「そ」そうぞうりょくを発揮すること

詳しくは後述しますが、そうぞうりょくとは、「想像力」と「創造力」です。自分の頭で想像してみること。そして自分なりに問題を創造してみること。この2つができるようになると、あらゆる問題への対応力がグンと高まります。

高く跳ぶためには、一度大きく沈む必要がある

突然ですが、いまその場で、できる限り高くジャンプしてみていただけますでしょうか。

さて、どのようにジャンプしましたか？　膝を曲げていったん深く沈んでからジャンプしたはずです。そう、高くジャンプするためには、一度大きく沈む必要があるのです。

勉強も同じ。成績を上げようと思ってガムシャラに勉強しても、どこかで沈むときが来ます。それは、テストの点数や試験の結果などの明確な形で表れないかもしれません。メンタルが沈むということも考えられます。

あるいは勉強で成果を出すためには、勉強以外のことを犠牲にしなければならないこともあるでしょう。その結果、勉強面では伸びたとしてもそれ以外の生活が沈むということになります。

友達との関係が薄くなる、家族と過ごす時間が減る、睡眠時間が減る。でも、それらはいずれも必要なことです。


「高く跳ぶためには、一度大きく沈まなければならない」

この言葉を、ぜひ胸に刻んでおいてください。

続けるのは簡単、再開すればいいことだ

ここまでメンタルやモチベーションに関することを書いてきましたが、そうはいっ

てもやる気が出なかったりテンションが落ちてしまって、まったく勉強が手に付かないということはどうしてもあると思います。

それは人間としてこの社会で生きている以上、仕方がないことです。もし、まったく勉強できない日があったとしても、それはそれと割り切って、翌日ちゃんと勉強を再開してください。

1日勉強ができなかった ↓ 翌日もなんとなく気分が乗らない ↓ その翌日もまあ今日くらい勉強しなくてもいいかと思ってしまう ↓ 永遠に勉強しないまま受験を断念

というパターンは少なくありません。特に長期戦の試験であればあるほど。会計士受験生を見ていても、年末年始やゴールデンウィーク、お盆など、講義がしばらくお休みになる期間のあとの講義では、出席者数が少し減り、そのまま元に戻らないということがしばしばあります。

それまでは同じペースで講義があったのでなんとかそれに合わせて勉強してきたものの、講義がなくなったことで気がゆるみ、勉強をしない日が続いてしまい、休みが明けても戻って来れなくなってしまうのです。

勉強できない日があることは仕方ありません。

私だって365日勉強し続けたわけではありません。まったく勉強できない日もありましたし、朝1時間だけ勉強してその後ずっと遊んでいた日もあります。でも、翌日にはちゃんと元のペースに戻して勉強を再開させていました。結果、最後まで続けることができたのです。

続けるためには、**やめてしまったあとにちゃんと再開すること**。これが肝心です。

「守破離」のどれが一番大事か

「守破離《しゅはり》」という言葉をご存知でしょうか。

守破離とは、主に武道において用いられる言葉です。

道場に入門した弟子が、最初は徹底的に師匠の真似をして型を身に付けます。これが「守」です。師匠に言われたことを忠実に守り、基本を身に付けます。

型が身に付いたら、次にその型を自分なりにアレンジし、自分に合ったものに変え

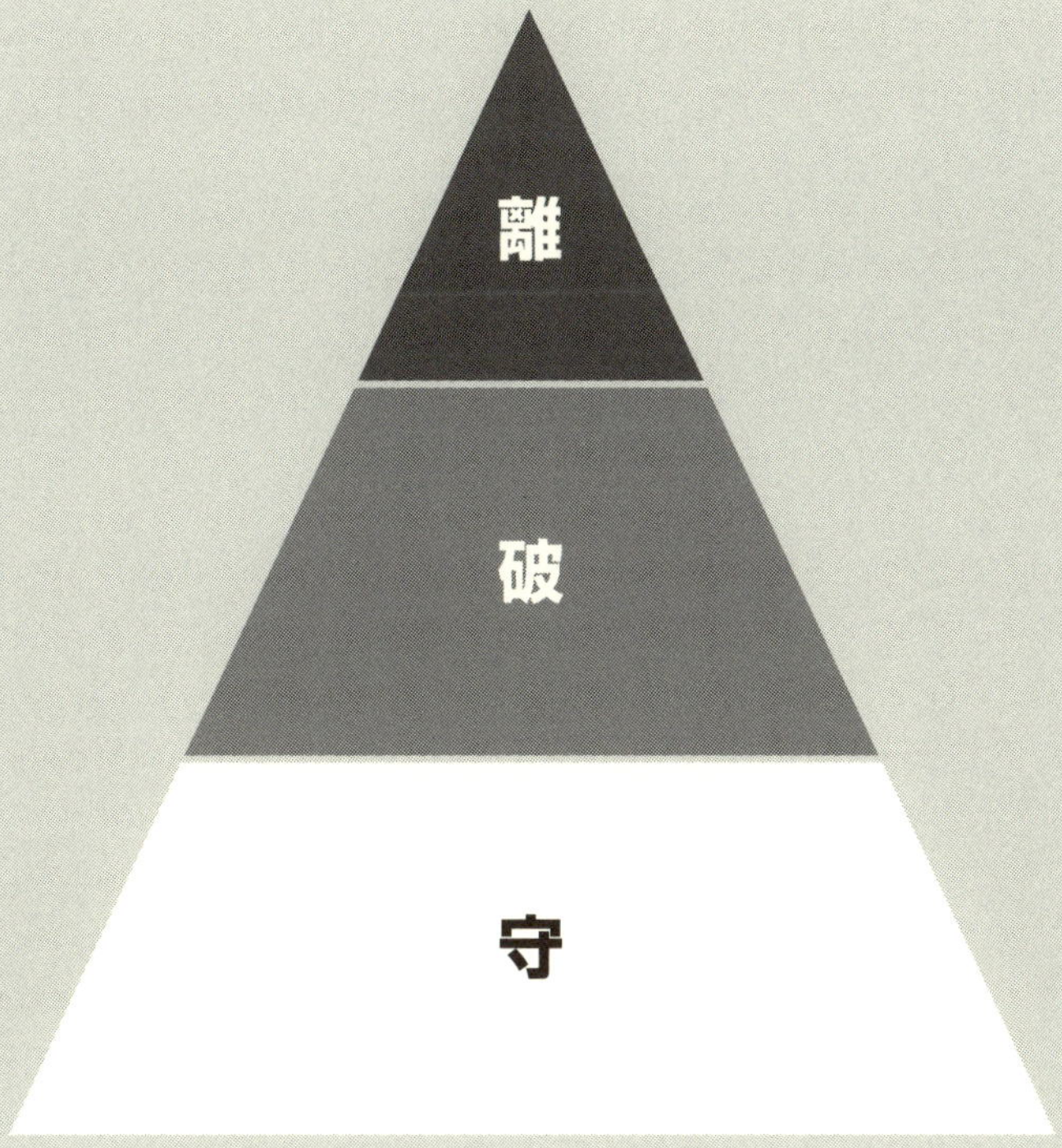

※「守」という土台なくして「破」「離」はありえない！

ていきます。既存の型を破るという意味で「破」と言います。

最後に、既存の型や自分に合った型のいずれにもとらわれない境地にいたります。自ら新しいものを生み出す段階です。これを、型から離れると言う意味で「離」と言います。


ここまで読み進めていただいたのであればお分かりになると思いますが、この「守」「破」「離」ではどの段階が一番大切だと思いますか？

そう、「守」ですね。「守」ができていなければ、破ることも、離れることもできません。まず既存の型をきちっと身に付けることで、次のステージに進むことができるのです。

まず身に付けるべきは基本です。そのためには、徹底的に師匠の真似をすること。「学ぶ」という言葉は「真似ぶ」から来ていると言います。

はじめから自己流で勉強するのではなく、講師の言っていることや、本に書いてあることを真似するところから始めてみましょう。自己流の勉強法を試すのは、それからでも遅くありません。

さて、受験勉強には「守」の段階が一番大切ということは、講義で繰り返しお話するのですが、なかなかこの段階をクリアできる人が少ないのが実際のところです。なぜなのか、その原因を考えてみますと、おそらく「守」の段階は非常につまらないのでしょう。

同じことを何度も何度も何度も何度も繰り返すわけですから、飽きてしまう気持ちも確かに分かります。でも、退屈になってしまうからこそ、そこで差が付くのです。

毎日歯磨きすることをつまらないと思いますか？　つまらないを通り越して当たり前になっていますよね。目指すはそのレベルです。退屈に感じたら、あと一歩です！

そこでやめずに何度も繰り返しましょう。

1日1％の努力は、1年後に数字以上の効果を生む

1日1％の努力であれば、なんとなく、できそうな気がしてきませんか？　昨日の自分を1とすると、今日の自分は1・01になっていればいいのです。では、これを毎日毎日続けていたら、1年後にはどうなっているでしょうか。答えは、およそ38です。

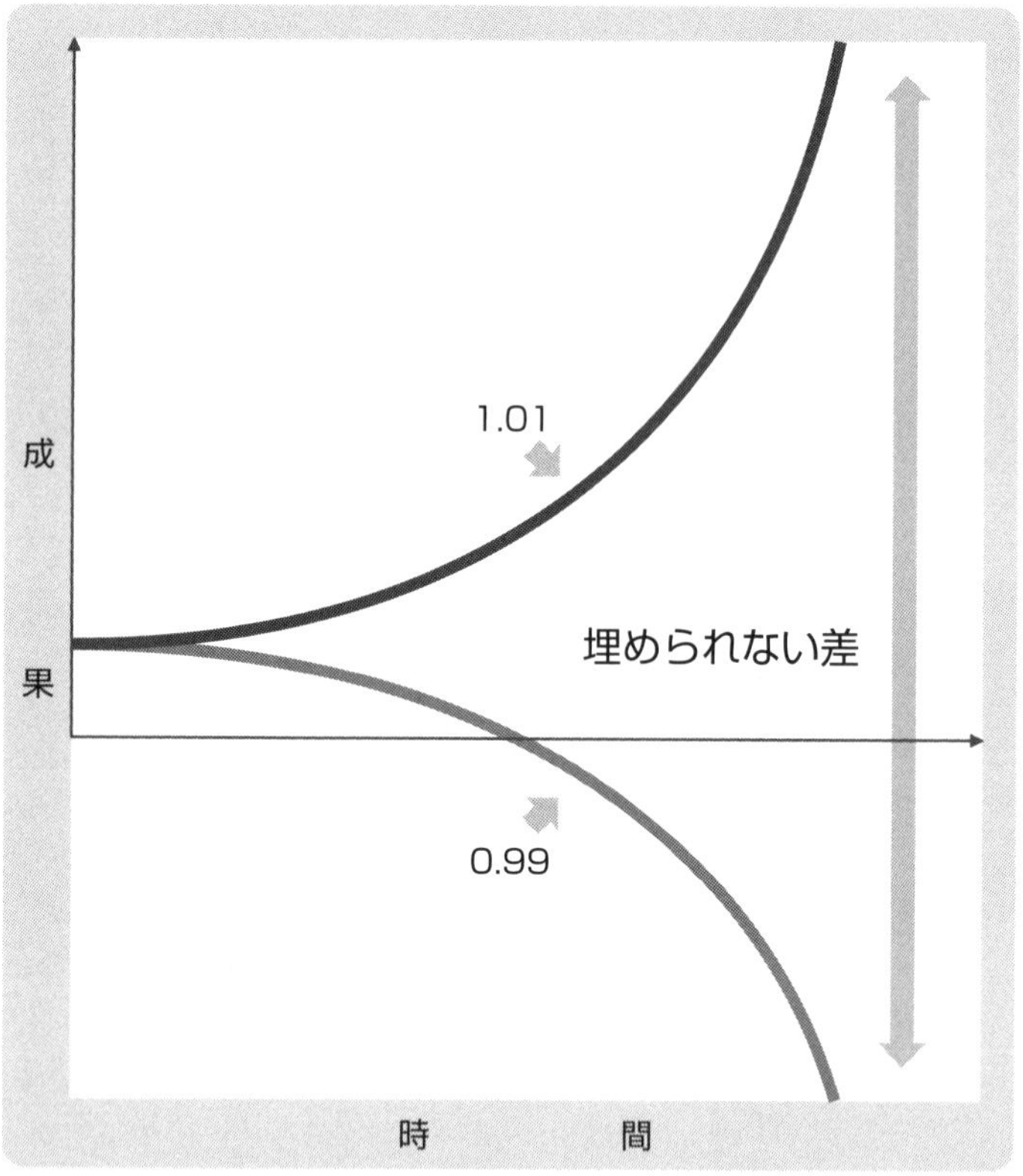

成果
1.01
埋められない差
0.99
時間

1年間、毎日たったの1%の努力をしていくだけで、1年後にはこんなにも大きな数字になるのです。いわゆる「複利効果」というものですね。

時間を味方に付けるのです。最初のうちは大したことではないように見えますが、その差はどんどん広がっていきます。

ほんのちょっとでもいいので、毎日継続することが大事です。

逆に、毎日ほんのちょっとだけサボってしまって0・99の日々が続いたとするとどのような曲線を描くでしょうか。

時を経れば経るほど、大きくマイナスになります。

両者を重ね合わせると、差はものすごいことになりますね。毎日、ほんの少しでもいいから前に進むこと。1年間続ければ、大きな結果となって返ってくることでしょう。

受験勉強に波はあってあたりまえ

先ほど複利効果の図を載せましたが、これはあくまでも複利の概念を示したもので

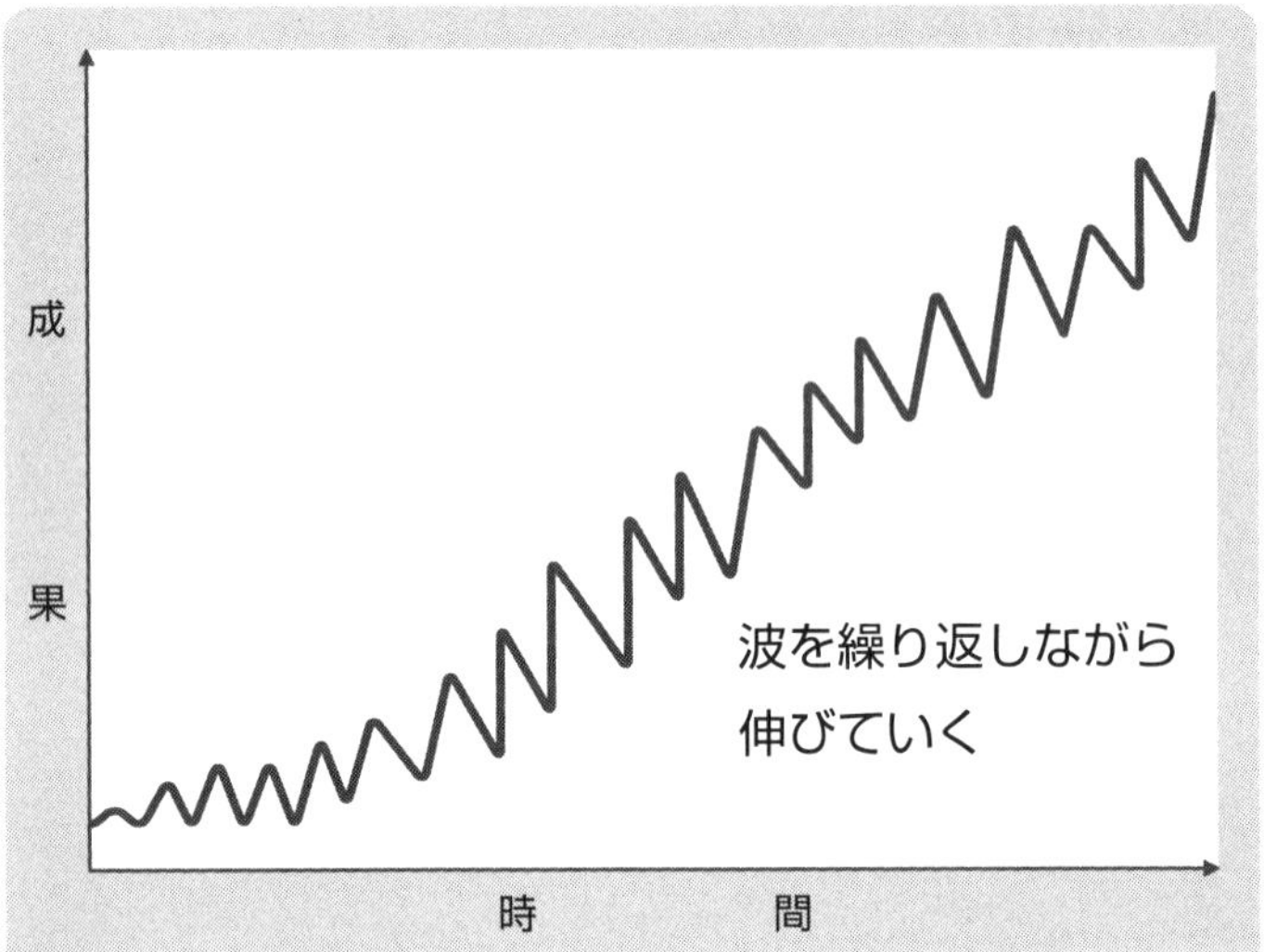
成
果
波を繰り返しながら
伸びていく
時
間

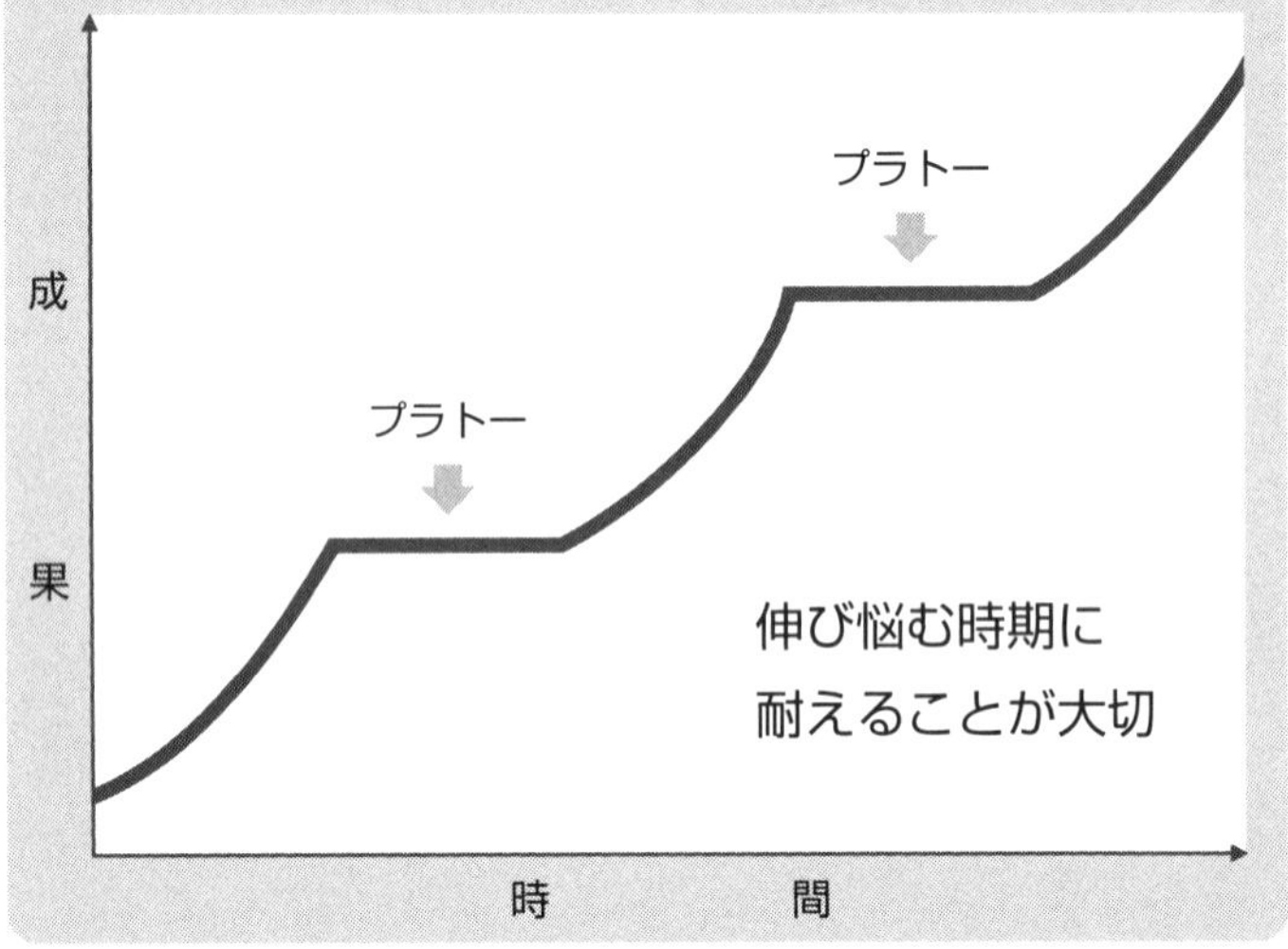
成
果
プラトー
プラトー
伸び悩む時期に
耐えることが大切
時
間

あって、実際の成績がこの図のとおりに素直に伸びていくわけではありません。実際には、上下を繰り返しながら、少しずつ伸びていくものです（前頁の図上）。さらに、やってもやっても伸び悩む時期もあるでしょう。高原状態（プラトー）と呼ばれるものです（図下）。

このような状態があるということを知っているだけでも、精神的に違ってくるので、なんだか伸び悩んでいるなあと思っても、しばらく続けましょう。そこで勉強をやめてしまっては元の水準に戻ってしまいます。

伸び悩んでいるときが実は一番伸びているとき。そして一番の成績の分かれ目だと思います。**高原状態のところでいかに粘り強く勉強を続けられるか**。これにより、高原状態を抜けたときの伸び方が変わってくるのです。

マイルールを持たないと、軸がぶれて一貫性をなくす

あなたには、受験勉強をしていく上でのマイルールはありますか？　ぜひ、簡単なものでもいいのでマイルールをつくってみましょう。

なぜなら、ルールを定めていなければ、一つ一つの行動についてその場で、適当に判断するしかなくなるからです。こういう状態は、言い方を換えると「軸がぶれていて一貫性がない」と言うこともできるでしょう。

自分の中に明確なルールがあり、そのルールに則って機械的に行動を行うことにはメリットがあります。無駄な時間をなくせるということです。機械的というのはあまり良い響きではないかもしれませんが、機械的であるからこそ迷いなく、淡々と、即時に判断することができるようになるのです。

何か分かれ道があったときに、その都度迷ったり、いちいち考えたりしていたら、あっという間に時間が過ぎてしまいます。

限られた時間を無駄にしないためにも、マイルールをつくりましょう。

私であれば、勉強していて眠くなったら迷わず眠る、答えが出なくても1分間は考えてみる、昼ご飯に誘われたら断らない、などを受験生の頃のマイルールとしていました。

目標を紙に書いてみる

「目標を紙に書きましょう！　そうすれば夢は叶います！」

こんなフレーズを耳にしたり目にしたことのある人もいることでしょう。私も受験勉強を始めた時期に目にした記憶があります。

当時の私は、「そんなことがあるわけない」と思って斜に構え、目標を紙に書くことなど一切していませんでした。

紙に書くだけで叶うならみんなやるだろうし、みんな夢が叶っちゃって大変でしょ!?　と、半分見下すような感じでした。とにかく、「書けば叶う」系の方法は一切信じていなかったのです。

ところが、初めての受験で不合格になり、少しずつ自分の行動を改めてみて、考えました。

「もし紙に書いて叶ったら、それはそれでいいじゃないか。自分は会計士になりたいんだから、ダメ元でいいから書いてみるか」

と思うようになったのです。

紙に書いた内容は、「全答練（全国模試）で二桁順位をとる」「簿記か租税法の講師になる」この2つでした。

全国模試で二桁順位になれば、TACの講師になれると知り、せっかくなら講師をやってみたいと思うようになり、目標を掲げました。そして、毎日目に入る自分の机に貼っておいたのです。

その結果がどうなったかは書くまでもないでしょう。この本を出していることが、叶ったことの証明です。

紙に書いたとおり、私はTACの簿記の講師になりました。

そのおかげで今この本を書くことができています。紙に書いていなければ、こんなことにはならなかったかもしれません。

正直言って、因果関係は分かりません。紙に書かなかった人生を歩んでいない以上、誰にも証明はできないのです。

ただ、そこには厳然たる事実があります。紙に書き、机に貼って毎日目にしていたことで、目標を達成できた人間がここにいるという事実。

これを読んでどうするかは、あなた次第です。目標を毎日目にしていると、自然と行動がそちらの方向に流れていきます。

余談ですが、全国模試の成績はまさかの一桁順位でした。一桁順位を取ることはそう簡単なことではないのでとても嬉しかったのですが、そのときに自分より上位にいた人の何人かは、いずれも受験初年度の人。世の中には、どう頑張っても勝てない相手がいるんだなと悟った瞬間でした。

考えすぎて動けなくなるくらいなら、まず圧倒的な量をこなしてみる

圧倒的な量は質を凌駕すると私は常々思っています。量が質に転化する、という表現もありますよね。

あるときふっと、爆発的にできるようになる。ティッピングポイントとも言います。臨界点を超えてくるとものすごい勢いで成績が伸びます。

サッカーの練習の一つに、リフティングがあります。ボールを地面に落とさないように、主に足の甲を使ってポーンポーンとボールを空中に浮かせ続けるものです。

サッカーの基礎練習の一つですが、これが最初はなかなかできません。2、3回しか続けられずにすぐにボールを落としてしまいます。

何度も何度も挑戦しますが、なかなかできるようになりません。たまに4、5回続けられることもありますが、それでも自由自在にボールを操る翼くんレベルにはほど遠いわけです。

しかし、毎日毎日リフティングの練習を繰り返していると、あるときふっと、ボールコントロールができるようになり、10回、20回と楽々続けられるようになります。これが、ティッピングポイントを超えた瞬間です。

とにかく量をこなすことで、打開できることもあります。最初から何もせずに、どうすればリフティングが長く続けられるかを研究し、頭を使い、1回1回の質を高めようとして慎重になってしまうよりも、まずやってみて経験から学ぶことのほうが手っ取り早かったりします。

考えすぎて動けなくなるくらいなら、まずは大量に問題を解いてみる。何度もテキストを読んでみる。そこから何かが見えてくることでしょう。

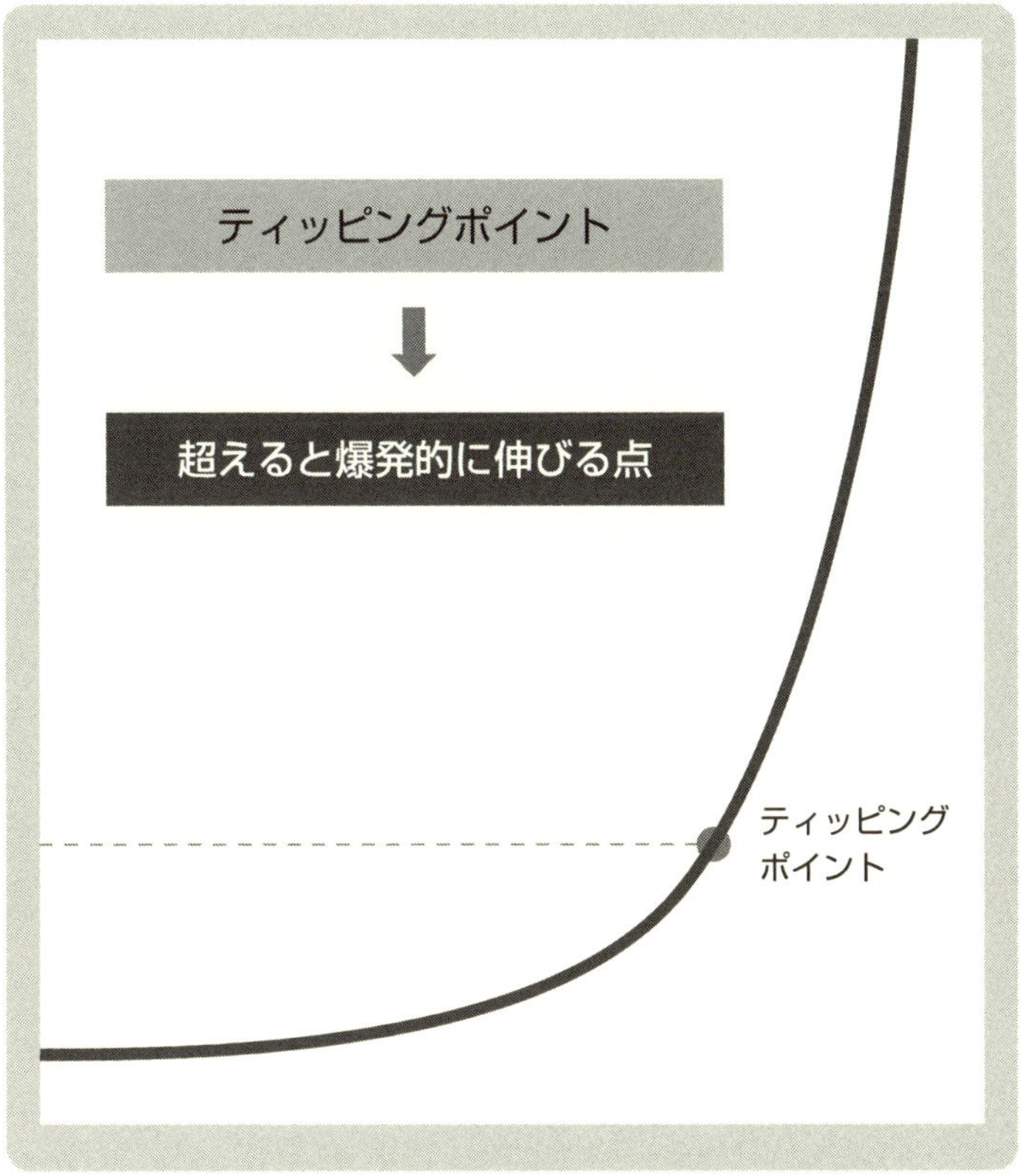
ティッピングポイント
超えると爆発的に伸びる点
ティッピング
ポイント

Good!

第2章

合格のための時間術

◉この章では、受験勉強をする上で多くの受験生が頭を悩ませるであろう、時間の話をしていきます。学生の方も社会人の方も、使えそうだな、と思ったことについてドンドン生活に取り入れていただけると嬉しいです。

「やらないこと」を決める

最初にぶち当たる壁は、「勉強する時間がない」という悩みでしょう。特に社会人の方は、基本的には平日の夜と土日しか時間がとれないでしょうから、かなり大変になると思います。そこでオススメなのが、**「やらないことリスト」**をつくることです。

積極的に資格をとろうと思う人は、前向き思考・上向き思考・外向き思考な人ですから、あれもやりたい、これもやりたいとどんどんやりたいことが増えてきてしまうはずです。でも、あれもこれも手を出していては結局どれも中途半端で終わってしまうことは目に見えていますよね。

ＴＯＥＩＣで９００点をとりたいし、会計士にもなりたいし、弁護士にもなりたいし、医者にもなりたいし、国家公務員にもなりたい！　と思ったとしても、同時並行で進めることは不可能でしょう。これは極端な例ですが、それに近いことが日常でも起こっています。

飲みに行きたいし、カラオケも行きたいし、映画も見たいし、デートもしたい！　こう思っていて、それらをすべて行っていたら、勉強する時間が少なくなってしまうのは当たり前です。

やりたいことがたくさんあるのは悪いことではありませんが、物事には優先順位というものがあります。もし勉強する時間がないのであれば、やりたいことをすべて書き出してみて、優先順位をつけましょう。優先順位が低いものは、勉強が一区切りするまでやらないと決めてください。それだけでも勉強時間の確保につながります。

その日1日分の時間割をつくる

小学生の頃のことを思い出してみてください。1日のスケジュールってどうなっていましたか？　学校側の都合で勝手に決められていましたよね。1時間目は算数、2時間目は国語、3時間目は体育、4時間目は理科、5時間目は社会といった具合に。

いま思い出してみると、なんで朝っぱらから算数をやらなきゃいけないんだ！　とか、体育の後の理科は眠くてしょうがないだろ！　とか、もっと音楽の時間を増やしてくれよ！　とか、いろいろ突っ込みたくなることもあることでしょう。でも、小学生でもみんなが同じように勉強し、卒業していけるのは、実は時間割がしっかり決まっているからなのです。

時間割があるからこそ、決まった時間に決まった科目を勉強し、終わったら休憩し、また別の科目を勉強する。決められたとおりに淡々とこなしていくだけで、みんな小学校を卒業できるようになっているのです。これってすごいことだと思うんです。大人に比べると自分で考えたり判断したりする力は子どものほうが圧倒的に弱いはずです。でも、きっちりこなしていける。時間割ってすごいですね。

これは使わせていただきましょう。大人になると、時間割はありません。仕事の期限はあるでしょうが、毎日のスケジュールが小学校の時間割のように決まっていることはほとんどないでしょう。すべて自己管理に任せられます。だから、仕事が期限までに間に合わないのです。

きちんと時間割をつくって、どの時間にどの作業をするかをあらかじめ決めておけば、あとはその通りに実行するだけです。時間割がないから時間の使い方がルーズになってしまうのです。

受験勉強も同じことが言えるでしょう。どの時間にどの科目を勉強するかはまったく白紙です。自分で自由に決められます。何の計画性もないまま勉強を進めていても、予定の半分も進んでいないということになりかねません。ですから、時間割をつくるのです。

たとえば、丸1日勉強できる日であれば、7時～9時、9時～11時、13時～15時、15時～17時、17時～19時など2時間単位で分けておく。それぞれの時間の枠に、科目を埋めていくのです。そして、決めたら後はその通りに淡々とこなしていくこと。

これをやるだけで、勉強の効率性がグッと高まるはずです。小学生でもできるのです。大人であるあなたができないわけがありませんよね。ぜひ、今日から、時間割をつくってみましょう。

社会人の方も基本的には同様です。土日は終日使えるとして組み立て、平日は3時間確保できるのであれば、1時間半×2コマと考えて時間割をつくってみてください。

どんな時間割をつくればよいのか

時間割をつくろうとすると、困ることが出てくるかもしれません。どの科目をどこにどれくらい配分すればよいのかということです。

これも小学校の時間割が参考になります。

月曜日　1時間目国語、2時間目国語、3時間目国語、4時間目国語、5時間目国語
火曜日　1時間目算数、2時間目算数、3時間目算数、4時間目算数、5時間目算数
水曜日　1時間目体育、2時間目体育、3時間目体育、4時間目体育、5時間目体育

　こんな時間割はみたことありませんよね。

　毎日いろいろな科目が満遍なく散らばっているのが通常だと思います。

月曜日　1時間目国語、2時間目算数、3時間目社会、4時間目体育、5時間目道徳
火曜日　1時間目理科、2時間目音楽、3時間目算数、4時間目国語、5時間目社会
水曜日　1時間目学活、2時間目理科、3時間目図工、4時間目図工、5時間目国語

　これは大いに参考にすべきでしょう。

　複数の科目がある試験の場合には、同じ科目を1日に詰め込むよりも、満遍なく散らしたほうが、高い効果が望めます。

　そもそも人間の集中力には限界がありますので、同じ科目ばかり続けていてもだんだん効果が低下してきてしまいます。もし、伸ばしたい科目や重点的に勉強したい科

	月曜日	火曜日	水曜日
1時間目	国　語	算　数	体　育
2時間目	国　語	算　数	体　育
3時間目	国　語	算　数	体　育
4時間目	国　語	算　数	体　育
5時間目	国　語	算　数	体　育

これでは効果は望めない

↓

	月曜日	火曜日	水曜日
1時間目	国　語	理　科	学　活
2時間目	算　数	音　楽	理　科
3時間目	社　会	算　数	図　工
4時間目	体　育	国　語	図　工
5時間目	道　徳	社　会	国　語

小学生でもこの通りに学習すれば勝手に力が付く！

目があるときは、たとえば次のように組んでみるといいでしょう。

1時間目算数、2時間目国語、3時間目算数、4時間目社会、5時間目算数
これは算数を重点的に勉強したい場合の1日の時間割の例です。間に別の科目を挟むことで、高い集中力を保ったまま勉強をすることができるはずです。

また、満遍なく散らした時間割をつくることには別の効果もあります。

それは、意識的に苦手科目にも勉強時間を割けることです。時間割をつくらないまま勉強してしまうと、無意識のうちに好きな科目や得意な科目ばかりに時間を使ってしまいます。

嫌いな科目や苦手な科目はそもそもあまりやりたくないので、どんどん勉強時間が短くなってしまい、ますますできなくなるという、負のスパイラルが生じてしまいます。小学生だって、自分で好きに時間割をつくらせたら、たぶん体育と音楽と図工だけで埋め尽くしてしまうでしょう。

満遍なく散らした時間割をつくっておけば、嫌でも毎日のように苦手科目にも触れるようになりますので、負のスパイラルに陥らずに済みます。

得意科目を伸ばすことは大切ですが、苦手科目でいかに守れるか（不合格点をとらずに踏ん張れるか）も重要です。

満遍なく散らした時間割の作成を意識してみてください。これは特に、試験の直前期に有効です。直前期の詳しい話は第4章にてお話します。

電車の移動時間の過ごし方が合否を分ける

学校や会社のすぐ近くに住んでいる人や、車で通勤している人以外は、日常的に電車に乗る生活をしていると思います。ぜひ、電車の中を勉強部屋にしてください。仮に学校や会社まで電車で30分かかるとするならば、往復で1時間電車に乗っていることになります。

その電車の中で、あなたは何をして過ごしていますか？　スマートフォンをいじってゲームをしたり、Facebook や Twitter　YouTube を見ていたりしませんか？

その時間も貴重な勉強時間です。机に向かって勉強している1時間も電車に乗っている1時間もどちらも同じ1時間。1ヶ月間、毎日電車に乗っているとするならば、移動時間だけで30時間も勉強することができます。1年間では365時間！　まるまる15日分に相当します。

このことを考えて、勉強できる教材を必ず一つは持ち歩くようにしましょう。

電車に乗っていて、電車の遅延に巻き込まれたりしたら車内にいる時間が相当長くなりますよね。そういったときにも勉強教材は役に立ちます。

電車が遅れてイライラしている人をよく見かけますが、私はむしろ大歓迎。読書できる時間が増えるわけですからね。電車内で勉強する習慣をつけておくことは精神的にもいいですよ。

電車の待ち時間3分×2回も積み重なると……

電車に乗っている時間だけではありません。待ち時間も馬鹿にしないでください。

例えばＪＲ山手線でも次の電車が来るまで３分くらいかかります。往復で６分間の待ち時間。１ヶ月間で１８０分（＝３時間）、１年間では２１６０分、実に36時間もの勉強ができるのです。

通常時に丸１日で勉強できる時間が長くて12時間とすると、まるまる３日分もの勉強時間を確保できることになります。そう考えると、日々の電車に乗る前の時間も無駄にはできないことがよく分かります。

信号の待ち時間ですら勉強場所になります。私は信号の待ち時間でも読書をしたりしています。ほんの30秒かもしれませんが1ページは進めます。

勉強時間が足りないと嘆いているあなた！ それは本当ですか？ まだまだ自分の生活を見直してみれば、時間はいくらでもつくれるはずですよ。

歩きながら、食事しながら勉強する

時間を確保するためには、とにかく、どんなときでも勉強する意識が必要です。

たとえば、歩きながらでも勉強はできます。

歩きながらテキストを読むのは危険なのでオススメしませんが、テキストの内容を頭の中で思い浮かべるだけなら、歩きながらでも可能ですよね。ぼーっと歩いている時間があるなら、その時間を勉強時間に変えていきましょう。

テキストを片手に勉強しながら、食事をすることもできます。特に社会人の方にとっては、昼休みは貴重な勉強時間になります。食事するだけで終えてしまってはもったいない。どうせなら、食事しつつ勉強してみてください。

食事しながらスマホをいじっていませんか？　そのスマホをテキストに変えるだけ、です。

いかに集中している時間を増やすかがポイント

机に向かっていた時間だけが大事なのではありません。問題なのは、どれだけのことを自分のものにできたかです。

人間は不思議なもので、ふとした瞬間に、いま目の前にあって取り組んでいること以外のことを考えてしまうものです。テスト中に今日の晩ご飯は何だろうなあ～と考えてしまった経験はありませんか？

土曜日に丸1日、12時間勉強するとしましょう。12時間×1回という人はいないはずです（いたら化け物だと思います）。12時間×1回をできるだけ短く区切ってみましょう。

人間の集中力は60分とか90分とか、さまざまな見解がありますが、まずは試験時間の概ね半分を目安にしてみましょう。

2時間の試験なら60分集中し5分休憩というサイクルを繰り返す。60分の試験なら30分集中し5分休憩というサイクルを繰り返す。

とにかく短めに時間を区切ることが大切です。その代わり、勉強している間はスマホをいじったりせずに、目の前の問題に集中してください。

Forestというアプリがオススメです。集中したい時間をセッティングして、その時間にスマホを触らずにいると、ポイントが貯まっていくアプリです。

私は25分から39分ほど集中して少し休む、という流れで日々の仕事を進めていることが多いです。パソコンを使う仕事をしているので、気を抜くとすぐにヤフーニュースを見たり、YouTubeをダラダラ見てしまったり……でも、時間を区切って集中するようになったら飛躍的にダラダラする時間は減りました。本書の原稿執筆にも、iPhoneアプリを使っています。

私の受験時代にはまだスマホはほとんどなかったので、ストップウォッチを使って

いる人が多かったですね。実際に時間を計ってみると、集中している時間は案外短かったりするものです。

時間を計ることで初めて可視化することができ、改善につなげることができます。まずは時間を計ることからスタートしてみてください。

後輩にオススメされたタイマーはDRETECのタイマーです。私も買って使っていますが、集中できていいですね。

その日のうちの復習が実力に育つ

予備校の夜講義が終わった後、多くの人はそのまま帰ります。しかし、私はその後も居残って、その日の講義の復習をしていました。短いときは10分くらいから長いときは1時間ほど。このちょっとした時間を確保するかしないかで、頭への残り方が大きく違ってきます。

1回目の復習は早ければ早いほうがいいのです。有名なエビングハウスの忘却曲線によれば、1時間後には56％を忘れているとのこと（詳細は第3章参照）。

その前に一度目の復習をすることをオススメします。

とにかく復習、復習、復習！　予習よりも復習が圧倒的に大切だというのが私の持論です。

落合監督はその著書『采配』の中で、こう述べています。

「予習よりも徹底した復習が大事」

これはバッターの目線での言葉なのですが、事前に相手ピッチャーの投球をビデオで何度も何度も予習することよりも、実際に打席立った時に感じたことをすぐに振り返ることが重要だということでした。

非常に深いですね。プロ野球の世界は厳しいです。どんな資格試験に合格するよりも厳しい世界でしょう。その中で生き残り続けるためには、やはり圧倒的な復習が大切なのです。

これは、勉強についても言えることだと思います。感覚が残っているうちにすぐ復習すること。ぜひ意識してみてください。

寝る前&起きた直後が勉強のゴールデンタイム

寝る前の勉強は記憶に残りやすいと言われます。

ただし、寝る前に暗記しようとすると、覚えることは際限なくありますので、終わりが見えず、つい長時間勉強してしまって睡眠時間が短くなってしまうというリスクがあります。

ですから、毎日3つとか5つとか、覚えたい項目数の上限を決めておきましょう。もしくは、5分間、10分間のように時間を決めてください。その上で、寝る前に布団に入りながら、覚えます。覚えたと思ったら、そのまま寝てしまいましょう。そうすると、前日に覚えたものが枕元にある状態で翌朝を迎えられます。

翌朝目覚めたら、前日に覚えた内容が本当に覚えられているか、確認してみましょう。寝る前と起きた直後に同じ内容を確認することで、より記憶に残りやすくなります。

脳科学的にも、寝ている間に情報が整理されるようで、これは有効な方法と考えられます。

寝る前と起きた直後は勉強のゴールデンタイムとして有効活用してください。

二度寝するより昼寝せよ

朝の時間はとても貴重です。朝の1時間は夜の3時間に匹敵すると言われこともあるくらいです。これを活かさない手はありません。規則正しい生活を送ることによって、受験勉強の能率が3倍も違ってくる可能性があるのです。

朝早起きをして、早朝から集中して勉強に励む。勉強にプラスになることは間違いないでしょう。しかし、早起きするとなれば当然、睡眠時間に影響してきます。

たとえば、いままで9時に起きていた人が7時に起きることとした場合、就寝時刻が変わらないとすれば2時間も睡眠時間が短くなってしまいます。これでは、さすがに日中のパフォーマンスに影響が出てしまいます。

そこで、**昼寝を取り入れる**のです。眠くなったときには、仮眠を取りましょう。昼間～夕方にかけてはどうしても眠くなってしまうもの。どれだけたっぷり寝ていても、おそらく食後には眠くなる時間帯が必ずあります。そうであれば、夜の睡眠の一部を昼にスライドすればいいのです。

朝に二度寝をしてしまうことによって、一時的な快楽は得られるかもしれませんが、それは一時的な快楽に過ぎません。

二度寝した日のことを思い出してみてください。確かに二度寝する瞬間は最高に気持ちいいかもしれません。しかし、その後はどうでしょうか。たくさん寝たはずなのに、なんとなく身体がだるかったりしませんか？　あるいは、二度寝してしまったことによる嫌悪感に襲われたりしませんでしたか？

結局、二度寝はトータルで考えると、マイナスに働いてしまうのです。

起きる時間を決め、一度その時間に目覚めたら、布団から飛び出ましょう。そのときは辛いかもしれませんが、起きていればだんだん慣れてくるものです。慣れると、二度寝することのほうが気持ち悪くなってきます。

ただでさえ時間を大切にしなければならない受験生なわけですから、朝の時間を特に大切にしましょう。そういう人は、試験にも合格しやすいです。

第3章

合格のための勉強術

◉この章では、具体的な勉強方法について考えていきます。

受験勉強にウルトラCは存在しない

いきなりですが、厳しいことを書かせていただきます。

受験勉強にウルトラCは存在しません!!

ウルトラCとはもともと、体操競技のワザの難易度を表す言葉で、ものすごい技、裏技のようなもののことを言います。勉強で言えば、「この方法でやれば絶対に合格できる!」とか、「こうすれば成績が必ず上がる!」といった類のものに当たります。

しかし、受験勉強にはそのようなものは存在しません。そんなものがあったなら、すべての人の成績が上がって、すべての人が試験に合格できてしまいます。

でも、現実ではそのようなことは決してありませんよね。本書においても、さまざまなオススメの勉強法などを書いていきますが、これが絶対的であるとは思っておりません。**勉強法は、人によって合う合わないがあります**。

私はこれでうまくいきましたし、多くの受験生を指導してきた経験を踏まえていますから、ある程度の確信はあります。しかし、すべての人に共通するかというと、そこは残念ながら100％ではないというのが事実です。ですから、本書を読めばどんな試験にも合格できるとは思わないでください。

本書で紹介する方法をすべて試していただければ、いくつかは自分に合った方法があるはずです。それを徹底的に継続していけば、自ずと成績も上がるはずです。

結局一番大切なのは、勉強法などの具体的なものではなく、そのもっと奥深くにある、考え方の部分なのです。コンピュータでいえば、WindowsなどのOSの部分がこれに当たります。

勉強法はアプリケーションです。しっかりしたOSがインストールされてもいないのにアプリだけをインストールしてもうまく起動しませんよね（WindowsというOSがあるからこそWordやExcelが使えるわけです）。

稲盛和夫さんは、人生や仕事の結果は「考え方×熱意×能力」で決まると仰っています。熱意や能力は、0はあってもマイナスにはなりませんが、考え方はマイナスになる場合があります。どんなに熱意や能力があっても、考え方がマイナスならば全体としてはマイナスとなってしまいます。

受験勉強でも似たようなことが言えます。どんなに試験に合格したいという熱意があって、地頭が良い人であっても、他人を蹴落としてでも自分が受かればいいんだとか、試験でカンニングしてもばれなければいいなど、その考え方がマイナスであれば、合格からは遠ざかるばかりでしょう。

どんなに優れた勉強法があったとしても、それを使いこなせるような人でなければ、役に立ちません。使う人の根本的な考え方が確立されていなければ、どんな方法も無価値になります。本書全体を通じて、皆さんの思考のＯＳを正しいものに変えていただきたいと思っています。

とはいえ、具体的な勉強法として効果が高いものがあるというのも、経験からある程度分かっていますので、以下で紹介していきます。良いと思ったものをドンドン勉強に取り入れていただければ幸いです。

読む勉強

おそらく、多くの人はこの「読む」という勉強を中心にしているでしょう。テキストに書いてある文章を読む、問題文を読む、写した板書を読むなど、すべての基本となるのが読む勉強になってきます。

ただ漫然と文字を眺めている人もいらっしゃると思いますが、それでは実はあまり頭に入っていません。テキストを読んでいる瞬間はなんとなく分かった気になっていても、いざ問題になるとまったく思い出せずに対応できない、という経験をしたことのある人は多いでしょう。それは文章の読み方に問題があるからです。

一つは、**メリハリをつけた読み方をする**ことです。太字や下線、赤字などになっている部分、すなわち重要である部分の前後については熟読し、それ以外の部分については流し読みをする。そうすることで、テキストにおける重要事項についてはより頭に残ります。

そしてもう一つは、**覚えながら読む**ことです。覚えながら読むためには、「覚えよう!」という意識を持って読む必要があります。

一般的な読書を例に取ってみても分かるように、ただ冒頭から流し読みをしているだけでは、読み終えた後にはどんなことが書いてあったか思い出せませんよね。覚えようと思って読んでいないから当然です。でも、覚えようと思って読めば、覚えられます。

せっかく時間をかけて読むのですから、覚えながら読むことを意識しましょう。

書く勉強

書くことは学習の基本ですね。ひたすら書きまくることによって英単語を覚えた人も多いのではないでしょうか。テキストに書かれた文章や暗記すべき事項を読んでいるだけよりも、手を動かすことによって覚えやすくなります。

実際の試験も、口述試験や面接などの試験ではない限りペーパーテスト、すなわち手で書くことになります。マークシート試験であれば答案に直接答えを書くということはしませんが、それでも、思い出すきっかけとして手を動かしておくというのは有効です。

短い単語やキーワードを覚えたいときには費用対効果の高い勉強になります。暗記カードをつくる過程でも書くという作業が入るので、後述する暗記カードもオススメです。

長い文章を書くことでも効果は得られますが、なにせ時間がかかるのが欠点です。結局長い文章を書き写したとしても、最終的に覚えられるのはその中の一部分だけでしょう。そうであるならば、最初からその文章の中で最低限覚えたいフレーズだけ抜き出して、書くようにしてみてはいかがでしょうか。

いわゆる写経ということがあります。文書をそっくりそのまま書き写すものです。効果がまったくないとは思いませんが、費用対効果の観点からすると、あまりオススメできません。写すことが目的になってしまい、あまり頭に入ってこないことも多いです。

私も、模範解答の文章をそっくりそのまま書き写すということを試したことがありますが、かかる時間に比して効果は低かったです。時間という有限のものをどう活かして得点につなげていくか、ということを考えると、書き写すのは短い単語やフレーズに限ったほうがいいのではないでしょうか。

もしくは、解答したい内容の構造や大枠、論点の流れのみを書き出してみる。それであれば、大きく時間を取られることなく、ざっくりアウトプットができます。

聞く勉強

耳から学ぶというのも勉強のやり方の一つです。

最近では、オーディオ機器がたくさんあります。スマホであれば勉強内容を録音したりＷＥＢで聴くことができるでしょう。

歩いている時間が長い場合には非常に有効です。よく音楽を聴きながら歩いたり自転車に乗っている人をみかけますが、そこで音楽ではなく講義を聞く。

あるいはボイスメモの機能を使って、自分独自の教材をつくってもいいでしょう。

話す勉強

人に話すことによって、より記憶に残ります。人と話すことによって新たな疑問が生まれたり新たな発見があったりするものです。そういう意味では、友達と一緒に休憩することも必要でしょう。

友達との何気ない会話の中で、いままで引っかかっていたものがふと理解できることもあります。逆に、今までは気にも留めていなかったことを意識するようになったりします。気分転換にもなりますので、机に向かって文字を追うだけではなく、話すということを日常に取り入れてみてください。

また、友達に話すだけではなく、独り言を話すというのも有効です。声に出すことで、耳からも入ってきますので聞く勉強にもなって一石二鳥です。自習室や図書館では大きな声は出せないので、本当に小さな声でつぶやきながら覚えたり、外をつぶやきながら歩いたりするのは効果的でしょう。

家に帰ってから、家族や同居人に話している人もいますし、ぬいぐるみ（！）に向かって話しかけている人もいます。声に出すというアウトプットで、記憶にも残りやすいです。

あとは、リズムに乗せて覚えることも有効です。歌の歌詞が覚えやすいのは、メロディーとセットだからです。もしもMr.Childrenの歌の歌詞を、文字だけで覚えようとしたら、相当な労力になります。メロディーとセットだからこそ覚えられるのです。

一昔前、「学校へ行こう」という番組の中にCo慶応という人が出てきました。Dragon Ashの曲のメロディーに乗せていろいろなことを説明してくれるのですが、これが実に面白い！ ラップで年号を覚える、というものがあるのですが、今でも私は年号を思い出したいときにはこのラップを思い出します。それくらい、メロディーに乗せることには効果があるのです。

解く勉強

問題を解くこと。これは合格するためには必要不可欠な勉強ですね。

どれだけテキストを読み込んだり、書いたり、聞いたりして覚えたとしても、実戦で使えなければ意味がありません。

いくら本を読んだり講義を聞いて車の運転の仕方を学んでも、実際に運転してみなければ、運転できるようになりませんよね。

読んだり書いたり聞いたりしてインプットしたものを、問題を解くことでアウトプットするのです。

解くときには、ただ漫然と解くのではなく、**テーマをもって解いてみてください**。たとえば、ゆっくりでもいいからすべて正解することをテーマに解いてみたり、制限時間を短めに決めてその時間内に解いてみたり、後ろの問題から解いてみたり。

同じ問題でも様々な解き方をすることで、初めて見えてくることがあるものです。

考える勉強

カラーバス効果という言葉をご存知でしょうか。カラーバス効果とは、意識していることに関する情報が、どんどん自分の中に入ってくる、というものです。

例えば、朝、家を出る前に「赤いモノを探そう」という意識を持ってから出発してみると、いつも通っている道なのに、いつもよりも赤いモノがたくさん目に入るということです。

赤信号、ポスト、マクドナルド、TACの看板など、10分も歩けばたくさんの赤いモノを見つけられるはずです。こんなにもたくさん赤いモノがあったのかと驚いてしまうかもしれません。

実際には、普段から赤いモノは目には入っているはずなのです。ただ、意識にあがってこないだけ。不思議なもので、人間は、自分が見ようと意識して見たモノしか見えないようになっているのです。

また、赤いモノを見つけるといっても、家を出た瞬間に「今日の昼は何を食べようかな〜」と考えてしまったのでは赤いモノが見つからなくなってしまいます。「赤いモノ赤いモノ赤いモノ……」と頭の中で繰り返しながら移動することで、見つけることができます。小さくつぶやき続けてもいいでしょう。

これを学習に応用することで、学習時間を増やすことができます。**毎日家を出る前に一つテーマを決めてみてください**。そして、それを常に反芻しながら目的地に向かいましょう。

反芻しながら、というのがポイントです。反芻していると、それに関連した事柄が思い浮かんできます。それをどんどん膨らませていきましょう。

覚えたい単語があるならばそれでも構いません。その単語を反芻しながら移動しましょう。できるだけ意識にあげてやることが大切なのです。

教える勉強、説明する勉強

教学相長《きょうがくあいちょうず》という言葉があります。教えることによって、より深く学ぶことができるというような意味の言葉です。

普段、みなさんは勉強する側ですが、チャンスがあれば人に教えたり説明するとい

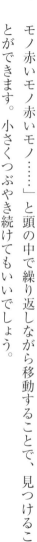

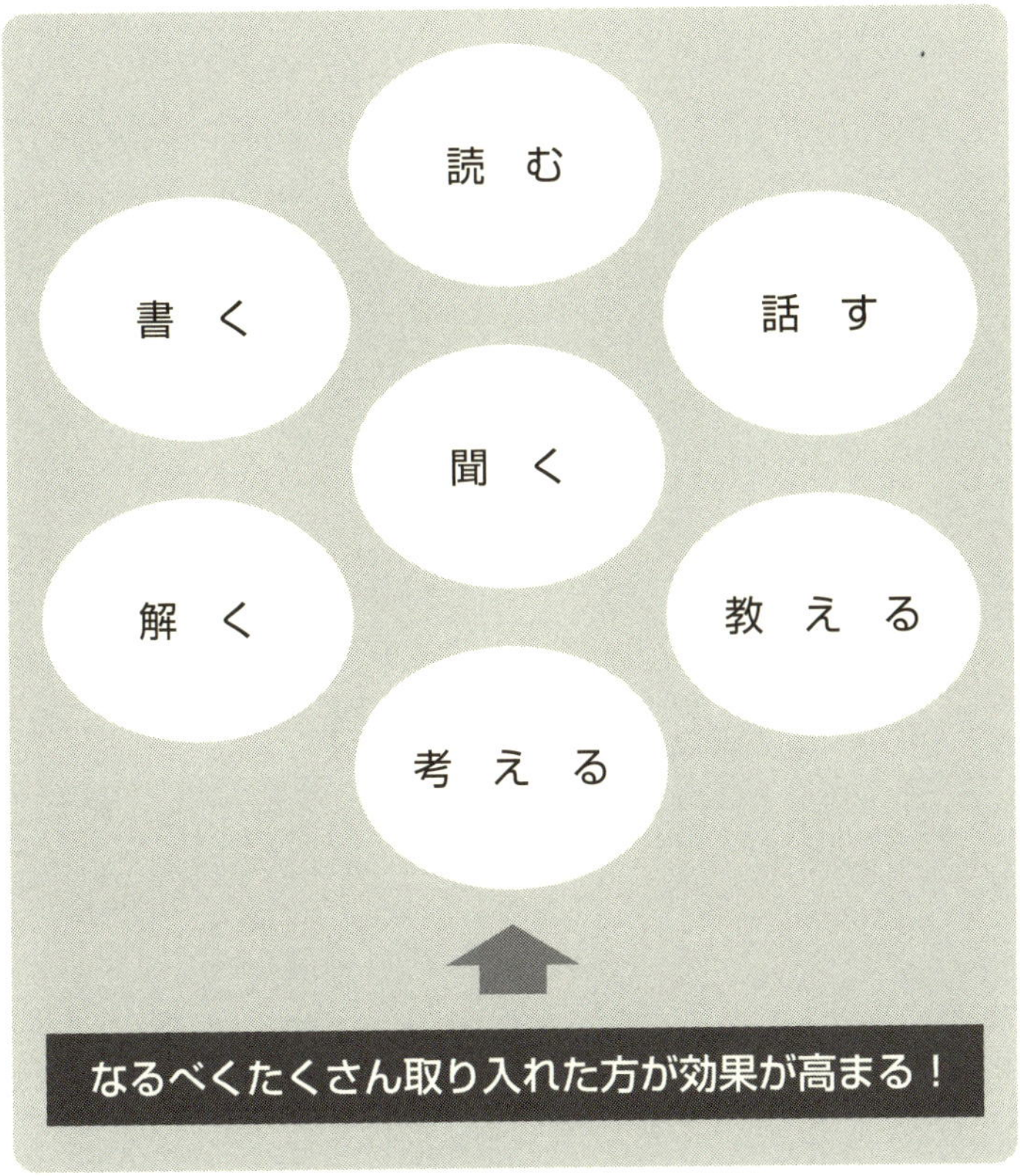
読む
書く
話す
聞く
解く
教える
考える
なるべくたくさん取り入れた方が効果が高まる！

うことを行ってみてください。

受験仲間がいれば、テーマをそれぞれに振り分けて、その内容について説明してもらうということをやってみましょう。人に説明するとなると、表面的な理解だけではうまく伝えられないので、より深く考えるようになります。

あるいは、誰かに説明するとしたらどう説明するかを考えてみるだけでも効果があるでしょう。これはアウトプットを意識したインプットということになります。

実際に試験においては自分の知識を答案用紙に表現しなければならないわけですから、自分の言葉で説明する力というのがとても大切です。普段から誰かに説明するつもりで勉強していれば、自ずとその力も付いてくるでしょう。

誰かに説明するつもりで勉強することで、より能動的な姿勢で勉強できるようになります。受動的な勉強よりも、能動的な勉強のほうが記憶に残りやすいですから、説明するつもりで勉強し、実際に説明してみるのは非常にオススメです。

実は私自身も、受験生時代にはよく理解できていなかった内容が少なからずあります。そのような内容も、講師になり、教える立場になったことでより突っ込んで考えるようになり、実際に講義でしゃべるうちに理解できるようになったことがあります。

「教えることが一番の学びである」というのは本質を突いているなと思います。誰かに教えるつもりで勉強しましょう。

ＰＤＣＴＡサイクルをひたすら回せ！

ＰＤＳもしくはＰＤＣＡという言葉を聞いたことがあるかもしれません。

ＰＤＳはPlan、Do、See の頭文字であり、計画、実行、評価といわれます。

ＰＤＣＡはPlan、Do、Check、Action の頭文字であり、計画、実行、評価、改善といわれます。

このサイクルを回すことは、受験においては非常に重要です。これを意識できるかどうかで、試験の結果は大きく変わるでしょう。いわゆるデキる受験生は、意識的か無意識的かは別にして、例外なくこのサイクルを回していると思います。ですが、私はこのＰＤＣＡにもう一つ付け加え、ＰＤＣＴＡサイクルを提唱しています。

Plan、Do、Check、Think、Action。Think（考える）というプロセスを追加しました。

このＰＤＣＴＡサイクルについて説明します。

まず、計画を立てることがすべての出発点です。計画というよりも、目標と言ったほうが分かりやすいかもしれません。テストで何点を取るとか、何時間勉強するとか、何問解くといったようなことを決めます。これがPlan。

Planができたら、あとはその達成を目指して実行します。目標を80点と決めたなら、80点を取れるように問題に取り組む。勉強時間を10時間と決めたなら、時間が確保できるように早起きをしたり、携帯の電源を落として見ないようにする。１００問解くと決めたなら、難しくて解けない問題はスパっと飛ばしてどんどん進める。これがDo。

Doが終わったら、Planとの差異をCheckします。目標に対して実績はどれくらいだったのかを確認しましょう。

これは私の経験ですが、基本的には目標よりも実績が下回ってしまうケースが多くなるでしょう。でも、構いません。個人的には、目標は絶対に達成できるような甘いものよりも、達成できないかもしれないけど不可能ではないというレベルに設定するのがよいと考えています。

たとえば極端な例ですが、90点を目指したものの80点しか取れなかった人と、70点を目指して70点が取れた人では、どちらのほうが上でしょうか。もちろん前者ですよ

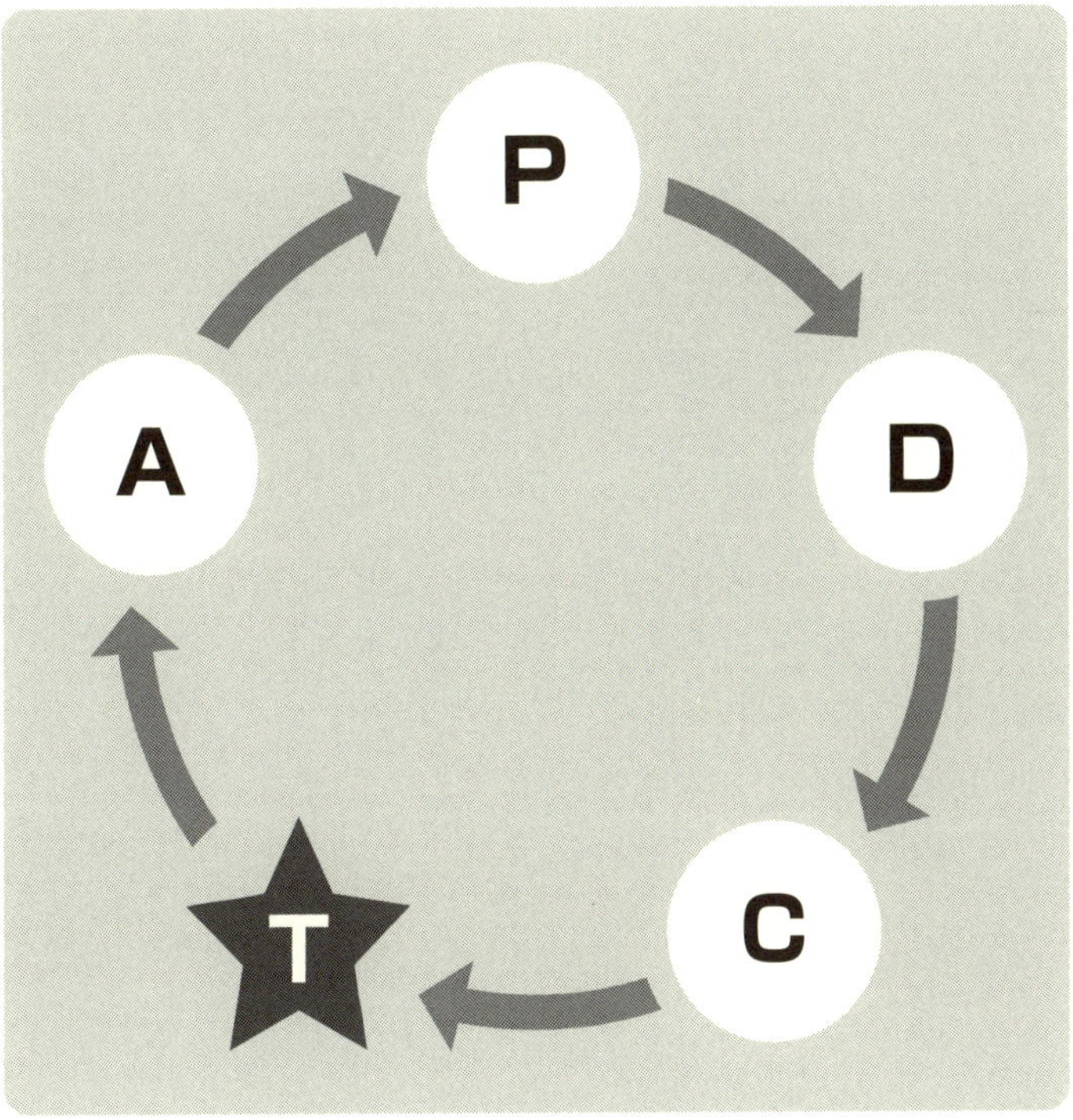

徹底的に考えることが大切

ね。ですから、仮に計画通りに行っていなくても悲観的になる必要はないでしょう。

もちろん、絶対に達成困難な高すぎる目標（たとえば毎日20時間勉強するとか）を設定してしまうのはあまり意味がありません。少し背伸びすれば届くかもしれない、というレベルを意識しましょう。

逆に、Planを上回る結果を出せた場合にも注意点があります。本当にやりきって目標を達成できたのか、それともただ単純に目標設定が甘すぎただけなのか。その原因を分析することが大事です。それが、Thinkのプロセスです。

目標を目指して実行をし、それらを照らし合わせる。目標を上回った場合であっても下回った場合であっても、その原因をきちんと考えることが大切です。なぜ10時間の目標勉強時間に対して8時間しか勉強できなかったのか。前日の寝不足が響いたのかもしれないし、誰かから電話がかかってきて長電話してしまったからかもしれないし、電車内で勉強するつもりがスマホをいじってしまったからかもしれません。

目標90点に対して80点だったのであれば、なぜあと10点足りなかったのかを考えます。そもそも80点分しか解けなかったのであれば、どうすればもう少しスピードを上げられるのか。解く順番はどうだったか。凡ミスをしていないか。理解不足だった論点はないかなど。とにかく、自分のアタマでじっくり考えることが大切です。

最後にAction。きちんと考えて分析した結果を次に活かしましょう。同じ問題を次に解くときには、前回の反省を踏まえて解くようにします。また、新しい問題に挑戦するときにも活かしましょう。自分のアタマで考えたことがあれば、新しい問題であっても対応できるようになっていきます。

いきなりは難しいかもしれませんが、このＰＤＣＴＡサイクルを日々回し続けることを意識してみてください。きっと絶大な効果を発揮してくれるはずです。

計画を立てるのがおっくうなら、DCAP

ＰＤＣＴＡサイクルの出発点は、Planです。まず計画を立ててから動きだそう、ということです。

しかし、やったこともないのに、適切な計画が果たして立てられるのか？　というと、けっこう難しいのです。計画を立てなければ進めない、と思ってしまわないようにしてください。

もし、うまく計画が立てられそうにないのであれば、とりあえず、Doしてしまうのもアリです。まずやってみる。まず勉強に取りかかってしまうのです。勉強してみてどうだったかを振り返り（Check）、調整を加えて（Adjustment）、計画（Plan）を立てていく。まずDoからスタートするのも有力な方法です。

私は、こちらに近かったですね。勉強法も知らないままに勉強していましたし、計画を立てるのも面倒でしたから、とりあえずその日やりたい勉強を、やれるだけやってみる。その後で、微調整していく。そのようなやり方でも、なんとかなるものです。

計画の段階で手が止まってしまうくらいなら、まず勉強に取りかかってしまいましょう。

間違えた原因を徹底的に追究すること

人間は間違える生き物です。ミスをしない人間などいません。さきほどのPDCTAサイクルにおけるTの部分でも、きちんと自分のアタマで考えることが大切と書きました。とにかく、振り返りがとっても大切なのです。

中途半端な振り返りではダメです。同じ問題は二度と間違えてはいけない！　というくらいの意識で、徹底的に間違えた原因を考えましょう。ここが解消されないことには、いつまで経っても成長できません。いつまで経っても同じ問題に躓《つまず》いてしまいます。

時間のかかる作業にはなりますが、ここで手を抜いてしまうのか、それともしっかり取り組むのかによって、勉強の成果は分かれます。

受講生をみていても、振り返りをしない人が多すぎると感じます。なぜ間違えたのか、なぜ解けなかったのか。これを自分の言葉で説明できる人があまりにも少ない。間違えた原因を徹底的に追究せず、なんとなく復習を終わらせてしまっている人が多いということです。

逆に、ここを徹底的にやれば、他の人と差を付けることができるでしょう。面倒くさがらずにやってみてください。

テストの使い方

予備校のテストや、模試、過去問など、受験までにはさまざまな問題を解く機会が

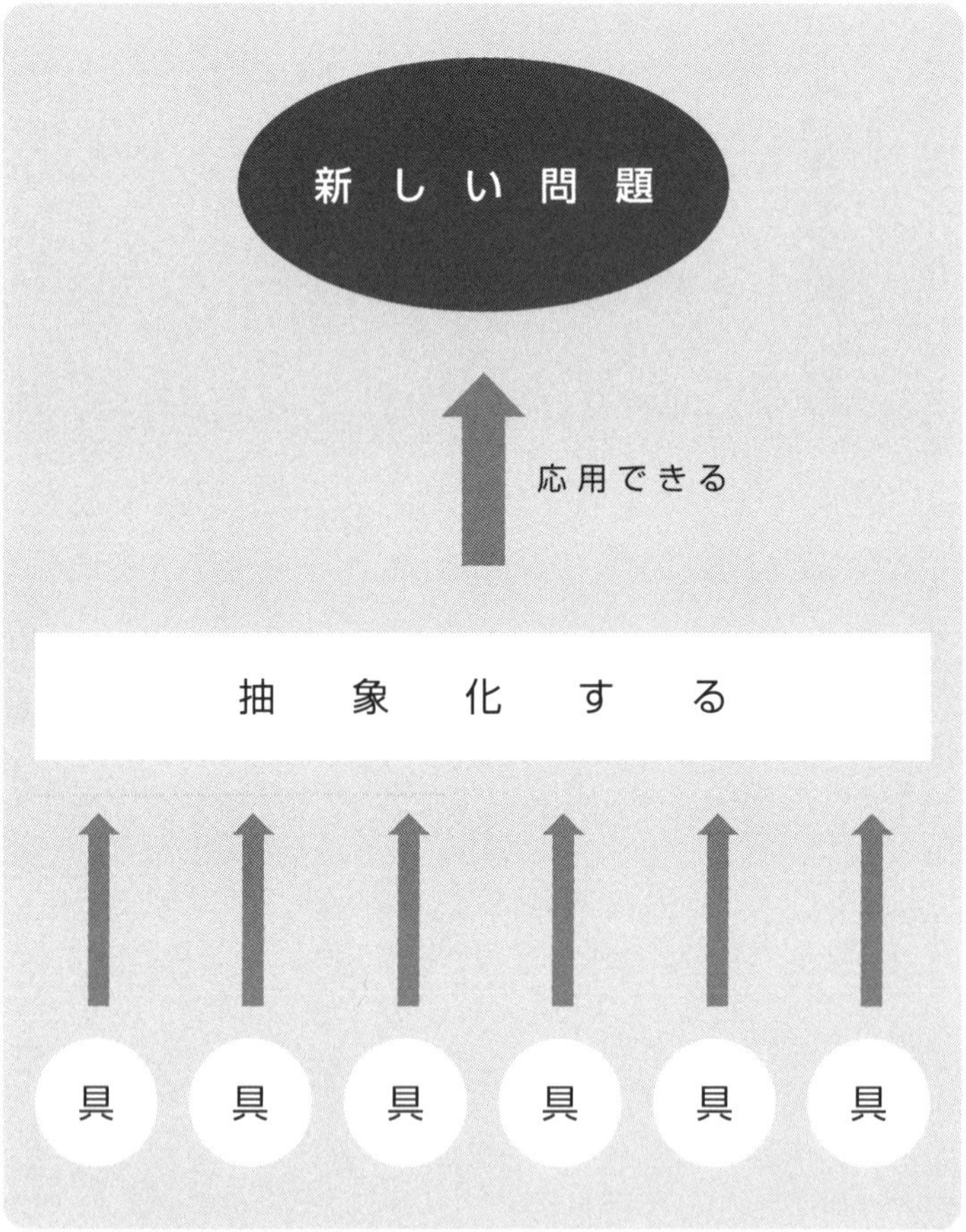
新しい問題
応用できる
抽象化する
具
具
具
具
具
具

あると思います。その中には、同じ論点からの出題でも、違う切り口から出題されているものが多いでしょう。

テストなどの問題は、そっくりそのままの形で理解しようとするのではなく、それぞれの問題に共通する部分を考えるということが必要になります。

出題される問題は、あくまでも一つの具体例に過ぎません。そこから1段階上げて、抽象化してあげないと、別の問題には一切対応できなくなってしまうのです。

個別具体の問題から何を学ぶかというと、**原理原則、普遍的なことを学ぶ**のです。まったく同じ形、まったく同じ問われ方で本試験に出題されることは極めて稀です。

個別具体の問題から、共通する部分を認識すること。問題をそのまま覚えようとしない意識を持っておいてください。

復習は「1×4」

エビングハウスの忘却曲線というものをご存知でしょうか。人がどれくらいの期間、覚えたことを記憶していられるのかという実験結果なのですが、非常に有名ですので、知っている人も多いでしょう。

念のため、説明しておきますと、

20分後には、42%を忘れ、58%を覚えていた
1時間後には、56%を忘れ、44%を覚えていた
1日後には、74%を忘れ、26%を覚えていた
1週間後には、77%を忘れ、23%を覚えていた
1ヶ月後には、79%を忘れ、21%を覚えていた

というものです。

このような実験結果もありますので、第2章でも復習は講義後すぐに行うことをお勧めしたわけです。

この実験結果を踏まえて、私が提唱しているのは、復習は「1×4」でやれ！ というものです。

まず1回目の復習は、1回目の勉強をしたあとすぐに行いましょう。1時間後が目安です。

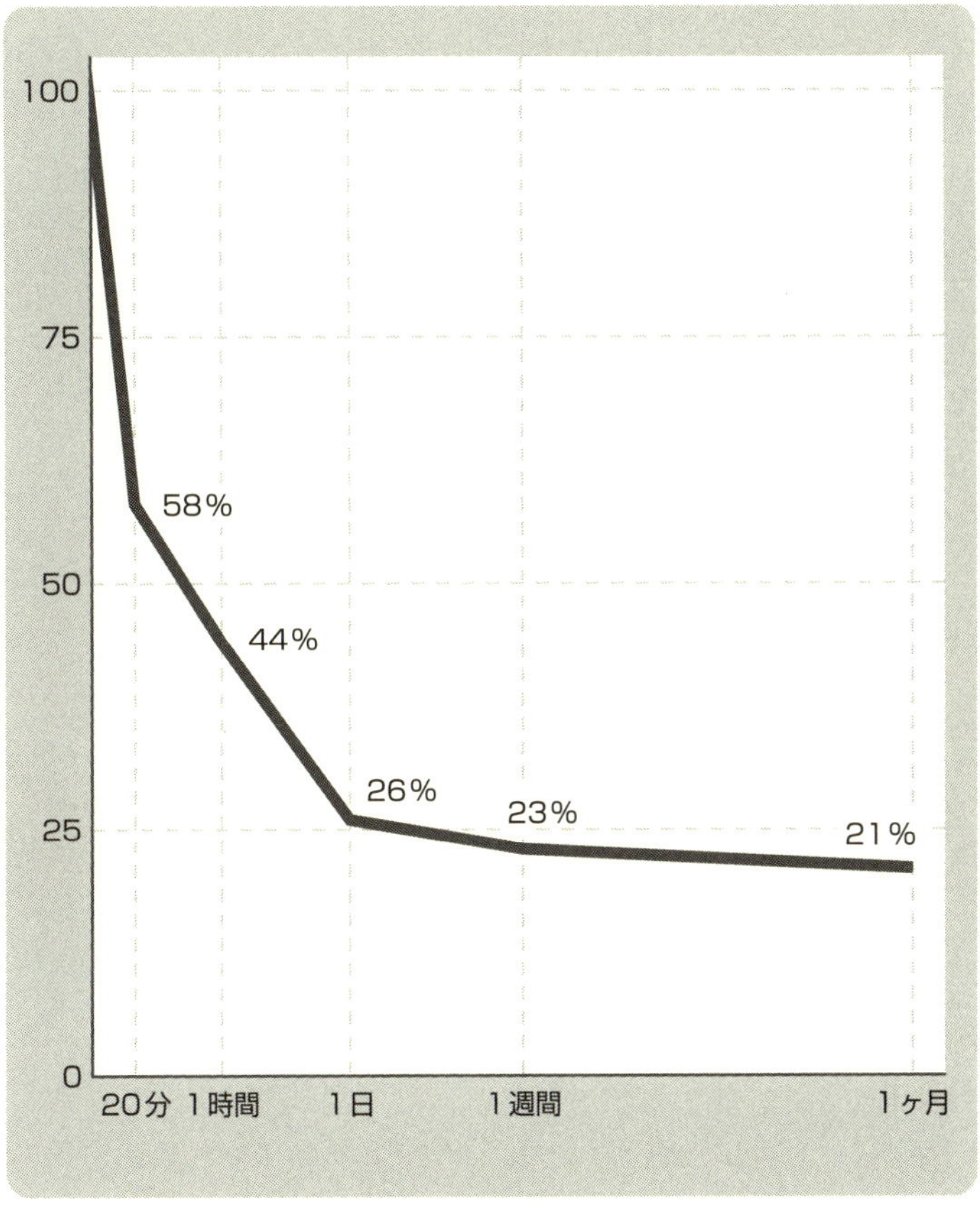
100
75
50
25
0
58%
44%
26%
23%
21%
20分
1時間
1日
1週間
1ヶ月

とにかく、なにがなんでもその日のうちに1回目の復習をすることを習慣化して欲しいのです。それにより、記憶への定着度が格段にアップします。

そして、2回目の復習は翌日に行いましょう。1日目に記憶した内容をより強固なものにするためです。1日後です。

3回目はその1週間後に行います。1週間の間が空くと、鮮明に覚えているものとほとんど覚えていないものに分かれるはずです。鮮明に覚えているものは、覚えやすい簡単な内容であったり、語呂合わせできていたり、自分のなかできちんと理解できているものです。

こういった内容については、3回目の復習で概ね身に付いていると言えます。たとえば、Penや Dogという単語であれば、1週間後の3回目の復習であってもすんなり出てくるでしょう。

一方で、3回目の復習のときにすんなり出てこなかったり、出てきても間違えてしまったりした場合には、まだその内容の記憶は定着していないということになります。

Certifiedや Accountantなどは、なかなか覚えにくいでしょうから、1週間も間が空いてしまうとすんなり出てこない可能性が高いですよね。少なくともPenや Dogよりは覚えられないでしょう。そのような内容については、3回目の復習時にしっか

1時間後

↓

1日後

↓

1週間後

↓

1ヶ月後

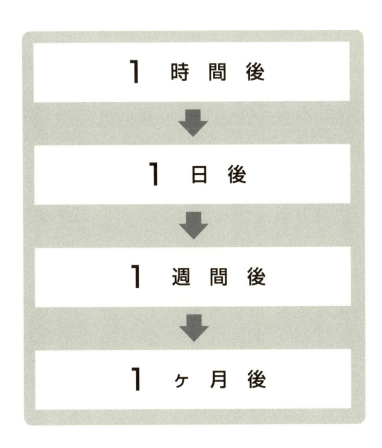

りと覚え直します。

そこからさらに1ヶ月後に復習してください。

1時間後、1日後、1週間後、1ヶ月後と覚えましょう。それでも不安であれば、さらにその後も定期的に見直してください。

これくらい回すことができれば、大抵のものは定着するはずです。それでも覚えられないという場合には、本当に自分に合わない内容であったり、本当の意味を理解できていなかったり、覚え方に問題がある可能性があります。もう一度ていねいに、時間をかけてテキストの基本的な部分を読み返したり、友達や講師に質問してみてください。

特に大切なことは、当日と翌日に必ず復習することと、徐々に間隔を伸ばしていくことです。これで、知識がグッと定着しやすくなるでしょう。

4回やることを目的にしてはならない

「1×4」の復習は、それはあくまでも手段であって目的ではありません。大事なのは、それによって知識を定着させ、本試験まで記憶にとどめておくこと。試験の点数につなげるというのが目的なのです。ここを勘違いしないでください。

よく、「何回解けばいいんですか?」という質問を受けます。はっきり言って、回数は問題ではないのです。アドバイスとして、1×4というのを伝えることもありますが、これも目安にすぎません。3回で十分という人もいれば、10回やらないとダメな人もいます。

また、問題の中身によっても必要な回数は変わってきますので、回数を目的にしてはいけないのです。回数を目的にしてしまうと、回数をこなすことだけを考えて勉強することになってしまい、結局アタマを使わないので定着しません。あくまでも本試験で使える知識にすること。これを意識して復習してください。

「試験ではどこが狙われるだろうか」「ここの言い回しは他の言葉で言い換えられないだろうか」など、試験を想定しながら復習することで、効果が高まります。形式的には同じ問題であっても、色々な角度から解いてみることで別の問題として解くことができるようになるのです。

最後の5分の粘りが勝敗を分ける

試験当日は最後の最後まであきらめないことが大事です。でも、いきなり試験当日だけ最後まであきらめないことができるかというと、かなり疑問です。

「火事場の馬鹿力」という言葉がある一方で、「練習でできないことは本番でもできない」という言葉もあります。身体ではなくアタマを使う試験を受験しようとしているはずですから、突然力が沸いてきて問題が解けるようになる、ということはないと思っておいてください。ですから、普段から意識しておきましょう。

私が受験時代に座右の銘にしていた言葉の一つに「あと5分、あと1問」があります。もう今日は勉強を終わりにしようかな、と思ってから、5分だけ頑張ってみる。あるいはあと1問だけ問題を解いてみる。これも毎日継続していると、自然と最後の粘りができるようになります。

試しに5分間の時間を計りながら問題を解いてみてください。5分あれば、けっこう解けると思います。その5分で合否の結果が分かれることがないとは言えません。最後の粘りを普段から意識してみてください。

SNSをプラスに活かす

Facebook や Twitter などのSNSは、受験生にとって敵であることは確かです。気が付くとついつい見てしまいますよね。そんなマイナス面ばかりがとりあげられるSNSも、使い方によっては強力な勉強ツールとなります。

◆Facebookグループを活用する

受験仲間がいる場合、Facebook グループを作って毎日報告し合うという仕組みをつくってみましょう。これは絶大な効果を発揮します。朝早く起きて勉強したいなら毎朝起きた時間にコメントするとか、1日勉強した内容を報告し合うとか、何でもいいです。

実は私も、この仕組みを活用して早起きに取り組んでいます。

5時前に起きて「おはようございます！」とコメントするだけ。それだけですが、とても効果があります。起きる時間は人それぞれで、4時起きの人から8時起きの人までさまざま。みんながそれぞれの生活に合わせて起きたい時間があるので、それを共有し合うのです。

◆ＬＩＮＥグループ

Facebookグループと似ていますが、ＬＩＮＥでもグループを作れます。最近ですとＬＩＮＥのほうがFacebookよりも身近で使いやすいかもしれません。

◆Twitterで公言する

Twitterは、Facebookに比べると、気軽にフォローができて知らない人ともつながることができるという点に特徴があります。同じ資格を目指している人は検索をすればたくさん出てくるでしょうから、片っ端からフォローしてみましょう。よほどのことがない限り、フォロー返ししてくれるはずです。

同じ目標を持つ人がたくさんいれば、安心感もありますし、ネット上ではありますが質問をすることもできるでしょう。

そのような受験生同士のつながりができるというメリットの他に、もっと大きなメリットがあると思っています。それは、衆人環視のメリットです。

1	Facebookのグループ、 LINEのグループを使って、 仲間で刺激し合う
2	Twitterで公言し、 自分を追い込む
3	ブログなどに勉強記録を載せる
4	その日学んだことを 要約してＳＮＳに投稿する

たくさんの人に見られている状況に自らを置くわけです。目標をツイートし、できることならリツイートしてもらってなるべく拡散させましょう。たくさんの人に自分の目標をさらすことで、それを達成せざるを得ない状況をつくってしまうのです。

発信した本人はとても強くそのことが心に残って、絶対達成しなければ！　という気持ちになりますが、読んだ人からすると数多あるツイートのうちの一つに過ぎませんので、実は大して気にしていないものです。ほとんどの人が読んでいないかもしれません。ですから、恥ずかしがらず、公言してしまいましょう。

ベタだけど、暗記カードは有効

人が何かを覚えられるのは、

①とてつもない衝撃を受け、感情が動いたこと（赤面するほど恥ずかしい経験、叫んでしまうほど痛かった経験など）

②繰り返し刷り込んだこと（りんご＝appleや九九など）

のどちらかしかないと言われます。

意識的に何かを覚えようとする場合に前者の方法をとることは基本的には難しいですよね。

ですから、何かを覚えようと思ったら繰り返し繰り返し、刷り込み刷り込みしなければならないのです。

そう考えると暗記カードはスグレモノです。コンパクトサイズなので、持ち運んで移動時間に使えます。トイレ時間にも使えます。寝る前にも食事中にも使えます。つくることが目的ではなく、つくった後に使い倒さなければもちろん身に付きません。常に持ち歩いて、細切れ時間に活用してください。

2度目の間違いを3度起こさないために

同じ間違いを2回繰り返さないことが大切です。そのために、間違えてしまった論点はノートにまとめるとよいでしょう。しかし、あまり厳しすぎるルールだと長続きしません。私は、2回同じ問題を間違えた場合には必ずノートに書くようにしていました。2度あることを3度起こさないための工夫です。

【著者が作っていたミスノート】

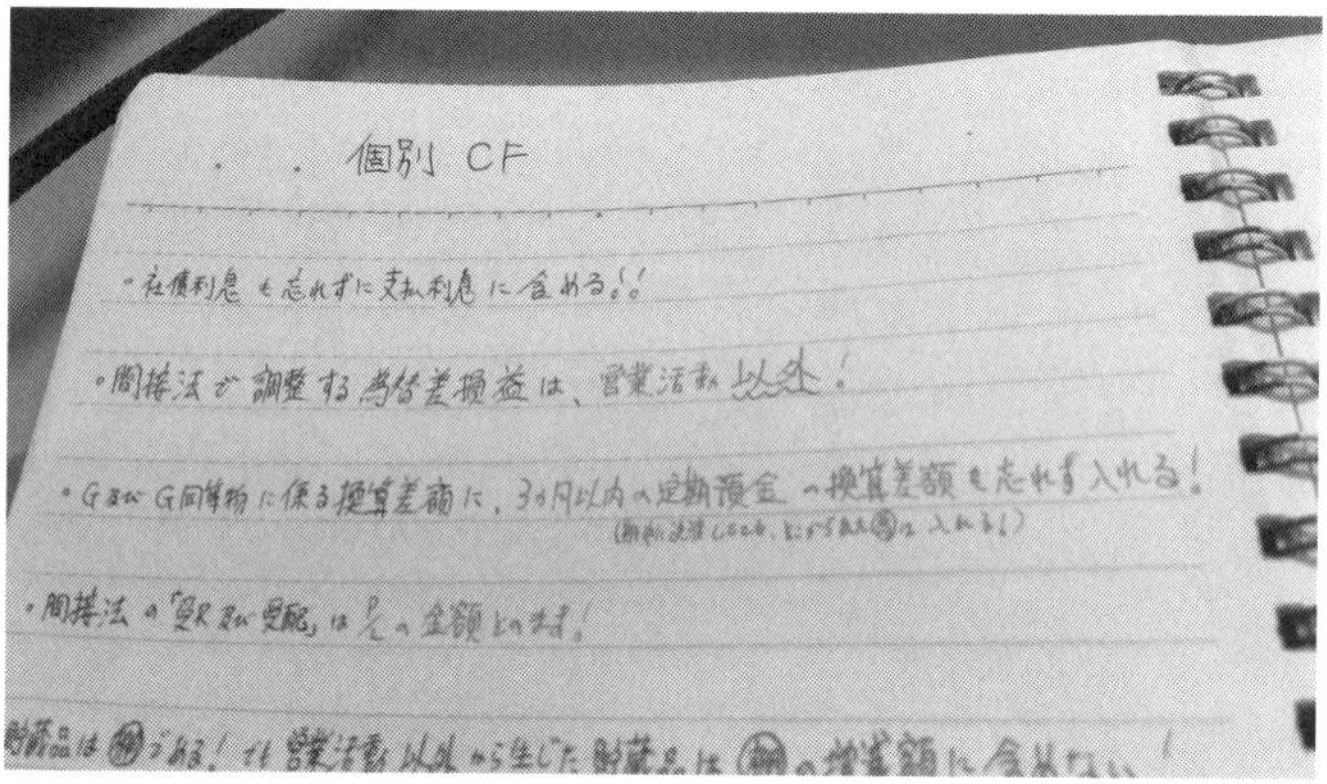

これをつくることが目的ではありません。

あくまでも、ミスノートをつくる目的は、一つは定期的に見返すことによって自分が**間違えやすい論点を頭に残す**ため、もう一つは**試験当日に最終確認する**ため。出題される論点によって、すんなり覚えられるものもあれば、何度やっても覚えられなかったり間違えてしまうモノがあります。

英単語で言えば、犬＝dogというのは簡単に覚えられても、電卓＝calculatorというのはそう簡単には覚えられないでしょう（人によってはどちらも簡単なのかもしれませんが、私は英語がまったくできませんので、ものすごく苦労します）。

2回間違えてしまうということは、おそらく自分のなかで苦手意識があったり、そもそも難しいものであったり、無意識に覚えにくいと感じている論点なはずです。

そういった論点は、繰り返し目に触れる機会を増やすことが手っ取り早いでしょう。自分が間違えやすいものが一つのノートにまとまっているというのは、精神的にも良いです。

最後にこれだけは必ず確認しよう、というものがあるのは心強いです。特に試験当日はそこまで時間がとれません。最低限これだけやっておこうというものを持っておくことは実はけっこう大切なのです。そのための一つの教材として、自作のミスノートはオススメです。

ただ、いまから過去の間違いを洗い出して1から作り始めようとすると相当大変です。途中で断念してしまいかねません。今日から、間違えた論点だけ書くようにすればいいでしょう。完璧なミスノートをつくることが目的ではありませんから、そこに無駄な時間をかけすぎないように気をつけてください。

解いた日付、でき具合をメモしておく

勉強の基本中の基本は、同じ問題を繰り返し解き直すことです。とはいえ、毎日同

じ問題を解き続けるのは効果も薄くなってきますし、他にも解くべき問題がありますから効率的ではありません。限られた時間を有効に使うために、解き直すべき問題にたくさんの時間をかけられるようにする必要があります。

一度解いた問題は、その日付とそのときのでき具合をメモしておくことをオススメします。まず日付を書くのは、前に解いたのがいつだったのか忘れないようにするためです。あまりにも間隔が空きすぎてもいけませんし、間隔が詰まりすぎてもよくありません。「復習は1×4」（117ページ）に書いたように、復習には適切なタイミングというものがありますので、それに沿った復習ができるように、日付をメモしておくのです。

また、でき具合を一緒にメモしておくことも重要です。私はＡＢＣの3ランクと、凡ミスしてしまったときは「凡」の字を書いていました。でき具合をメモしておくことで、その論点についての自分の理解度を確認することができます。

基本的には身に付けるために「復習は1×4」をオススメしていますが、非常に簡単な問題であれば「1×4」解かなくてもマスターできてしまうこともあるでしょう。

例えば、でき具合Ａ（解いている途中で止まることなく、自信を持って解答し、すべて正解できた）という評価が3回連続で続けば、その論点はその後間違えてしまう可能性は極めて低いと考えられますから、試験直前まで放置して最後に少しだけ見直す時間を取れば十分でしょう。

逆に、ＢやＣ評価が何回も続いてしまうような問題は、苦手な論点である可能性が高いので、何度も繰り返し復習をして身に付ける必要があります。

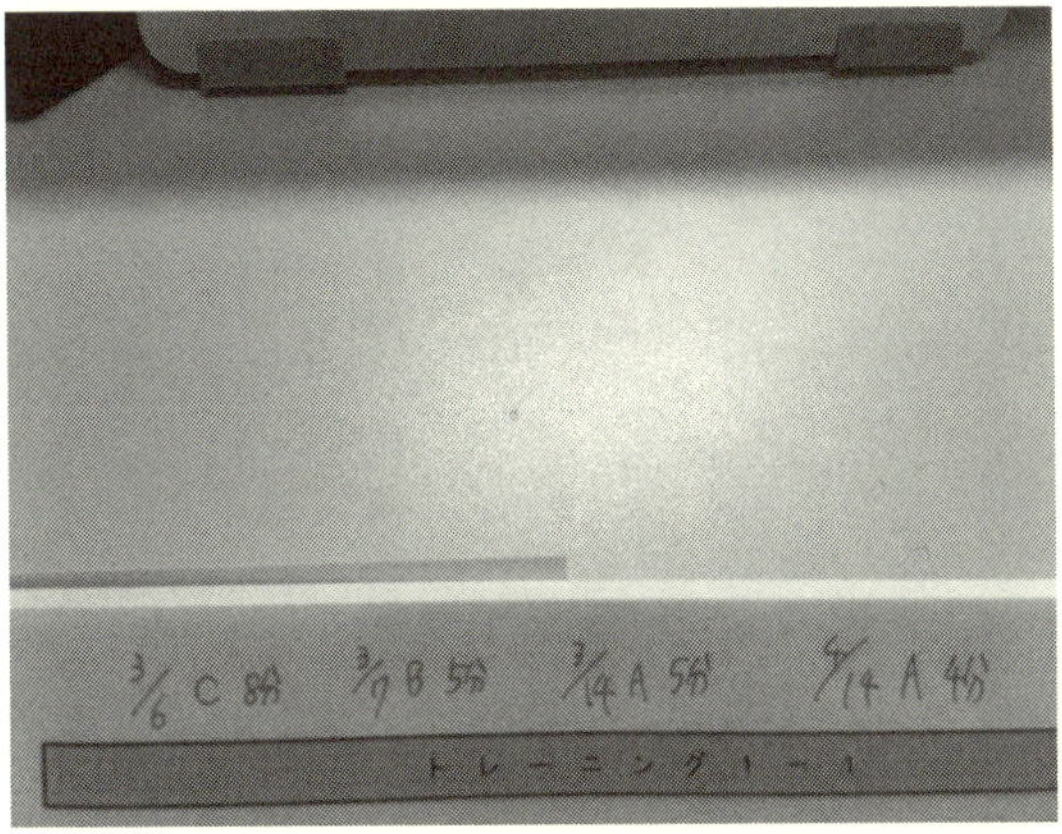

また、発展系として、解いたときの感想などを書いておくとより効果的です。その問題を解いてどう感じたのか。イヤだなと思った、簡単だと思った、注意深く解いた、適当に解いたら間違えた、楽勝、もう解く意味はない、など、感情とセットにしておきましょう。その論点が出題されたときに自分がどう反応するのかを知っておくことは、本番でも大切になります。

2つの「そうぞうりょく」を発揮する

受験において大切な能力の一つに「そうぞうりょく」があります。なぜひらがなで書いたかというと、「想像力」と「創造力」の2つとも大切だからです。試験を受けるまでには、過去問や予備校の教材などでたくさんの問題を解くことになるでしょう。

まずはそれらの問題を完全に自分のものにすること、それが大事です。

しかし、過去問や予備校の教材とまったく同じ問題が出題されることは（試験にもよりますが）あまり多くありません。

似たような問題が出題されることはよくありますが、ちょっと表現が変えられていたり、正しい選択肢で出題されたことのある問題が誤った選択肢に姿を変えて出題されることもあります。

このような問題に対応するために、過去問や予備校で出題された問題を、自分なりにアレンジしてみるのです。自分だったら「こんな風に表現を変えて出題するかなあ～」と「想像」し、自分で問題を「創造」してみましょう。

自分で考えて作った問題は、けっこう忘れないものです。この方法は特に○×問題（正誤問題）に効果を発揮します。

想像力を働かせ、問題を創造してみる。作問者の視点にも立てるので、どういったところで引っかけようとするのか、どんな意図で出題するのかというところが垣間見えるでしょう。

揺るぎない土台をテキストで築く

あらゆる教材の中で、私が最も大切にしていたもの。それは「テキスト」です。問題集でも模擬試験でも過去問でもなく、テキストなのです。

テキストには、当然ですが基礎的な内容が詰まっています。そして、テキストだからといって文章がつらつら並んでいるだけのモノは少なく、大抵の場合ところどころに問題が用意されています。

そのテキストにある問題を何回解いたか、これで土台が決まると思います。

私の知っている受講生で全国トップクラスになったある人は、「テキストの例題を

100回は解きましたね～」と言っていました。

もしかしたら冗談かもしれませんが、そのくらいテキストをやりこんでいるのです。その結果、全国トップクラスにまで上り詰めることができたのでしょう。

問題集を解けば、なんとなくわかった気にはなるでしょうし、何より勉強した気になりますよね。

問題集はテキストをベースにして多少ひねったり見たことがない問題を織り交ぜたりしていたりするもの。そればっかり解いていても、変な問題が解けるようになるだけで、汎用性がありません。問題集は、試験へのハシゴにはなり得ても、土台にはならないのです。

自分が持っているテキストを何回解きましたか？　振り返ってみてください。テキストの内容が自信を持って完璧だと言えるようになるまで、とにかくテキストです。

守破離の守は、教材でいえばまさにテキストのこと。**徹底的にテキストを頭にたたき込みましょう**。頭にたたき込むというよりは、身体に染みこませるといった表現のほうが近いかもしれません。

テキストの内容については、頭で考えなくてもスラスラ出てきてしまうレベルを目指してください。

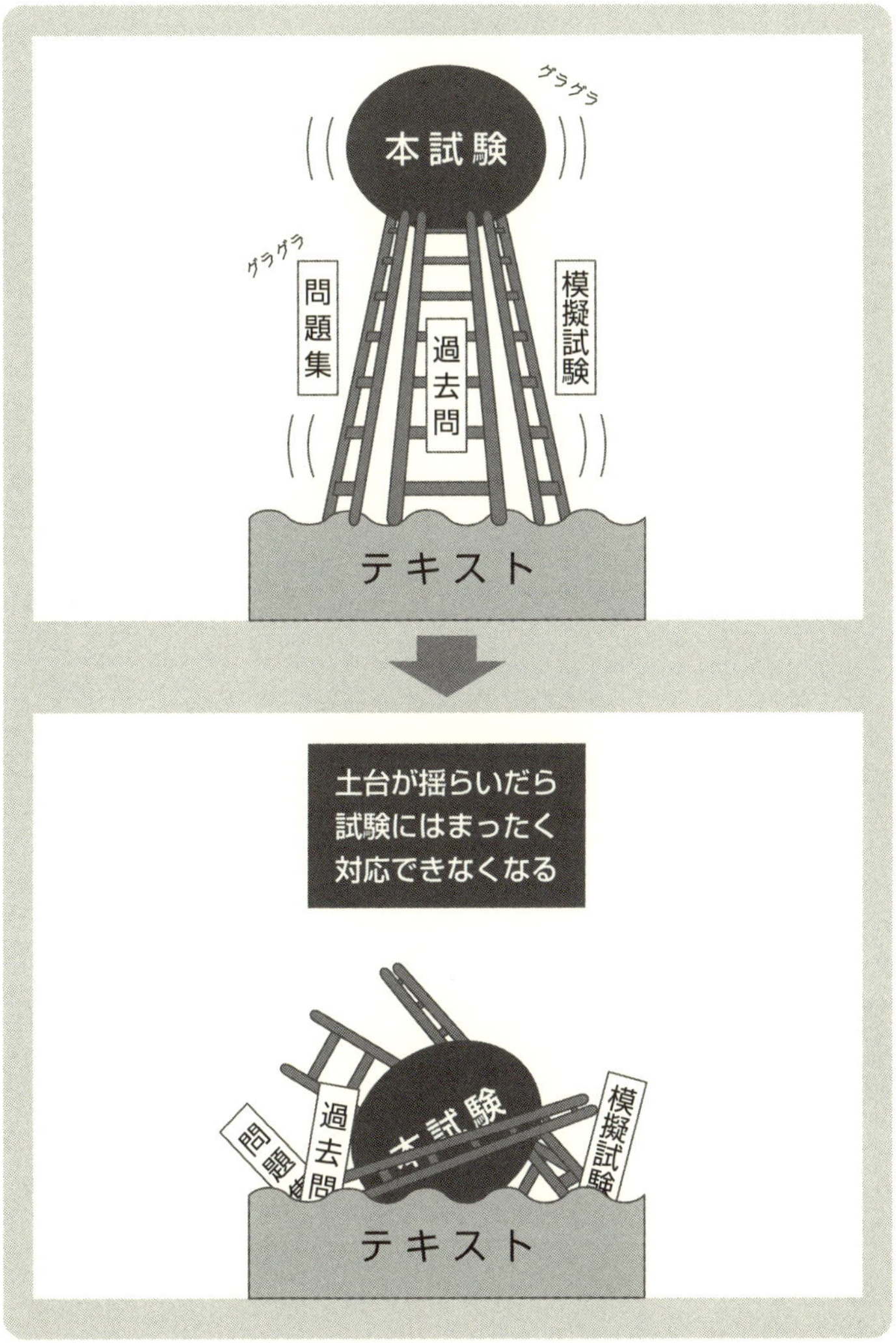

グラグラ
本試験
グラグラ
問題集
過去問
模擬試験
テキスト
土台が揺らいだら
試験にはまったく
対応できなくなる
過去問
模擬試験
テキスト

質問する人ほど成績が伸びるのはなぜ？

成績が伸びやすい人の特徴に、積極的に質問をするというものが挙げられるでしょう。

実は、質問が的確な人というのはあまり多くはありません。そもそも自分が何が分かっていないのかが分からなかったり、トンチンカンな質問をされる人も一定数いらっしゃいます。

ですが、それはそれでとても大切なことです。講師は、受験生が分からないところ、つまづきやすいところは長年の経験でよく分かっていますから、質問をすることで、自分がいったい何を理解していないのか、どこが分かっていないのかを教えてもらえるはずです。これを自分の中だけにとどめておいたら、いつまで経っても解消しないまま。

疑問点はドンドン質問しましょう。質問するということは自分から声を発すると言うことですから、主体的な行動です。普段の講義を受けているときは基本的に受け身ですが、質問するときだけは主体的にならざるを得ませんね。主体的な行動は、記憶に残りやすいです。自分の起こした行動というものは、なぜか頭に残るのです。

質問は、何も講師に対してだけでなくてもいいです。友達にもどんどん聞いてみましょう。質問をされた側にとってもそれは効果があります。

私も受験時代には、ちょっと席を立つとすかさず友達がやってきていろいろ質問されました。自分の自習時間が減ってしまうなあと思っていた時期もありますが、質問に答えるということが自分にとっても非常に良い勉強になっているな〜と、ある時から感じるようになりました。

聞かれたことに答えられず、自分は分かったつもりになっていたんだな〜、ということもありましたし、質問に答えることでより記憶に残ったりもしました。**質問は、する側にもされる側にもメリットがあります**。積極的に質問しましょう！

目次さえ頭に入れてしまえば、あとはスムーズ

突然ですが、「目次」を英語に訳すとどうなるかご存知でしょうか。そう、「Contents」ですね。

では、Contentsの日本語訳はどうなるでしょうか。当然、目次という意味もありますが、もう一つは「内容」ですね。目次＝Contents＝内容なのです。ですから、**目次をすべて頭に入れてしまえば、内容はすべて頭に入っていることになる**のです。

一般的に読書をするときには、まず目次に目を通して全体像を把握してから中身を読むようにすると良い、と言われます。一般的な書籍では、自分に必要な部分だけを読んで取り入れられればいいので、この方法は有効です。

目次でざっと予習をしてから、必要な部分だけを詳細に読んでいくことで効率的な読書ができます。

一方で、受験勉強においてはテキストに書いてあるすべての詳細を見ていく必要がありますので、始めに目次をざっと見たとしても、取捨選択はあまりできません。その代わり、復習の際に目次は大活躍するのです。

一度、詳細な内容を一通り学習してから、再度目次に戻ってみてください。そうすると、一度勉強しているはずなので、どこでどんな内容を勉強したのかが、何となく頭に浮かんでくると思います。その「何となく」を完璧にするのです。

多くの場合、目次に書かれているのは各章などの大項目でしょう。その大項目のタイトルを見ただけで、該当ページに書かれている内容がありありと浮かぶ状態。この状態が最終目標です。そうなれば、復習が目次のページだけで済むようになります。300ページあるテキストも、目次が10ページしかないのであれば、10ページだけ見ればいいのです。

いきなりその状態になるのはほとんど不可能ですが、意識していなければできるようにならないのも事実です。最終的には目次を見ただけで内容がすべて思い浮かべられるように、意識して詳細を勉強してください。

受験の最終段階では、この勉強方法はかなり威力を発揮します。限られた時間のなかで、大量の復習をこなすことができます。

効率的で効果的な「目次学習」のススメ

まず、目次を開き、大項目を眺めます。場合によっては中項目まで目次に載っているでしょうからそれでもOKです。それを見て、該当ページに書かれていたことはどんなことだったかを思い出してください。

重要なポイントは何だったか、覚えるべき項目、対比する考え方、本試験における出題実績、重要な条文番号など、**特に受験上大切だと思われることや、講師が強調していたポイントについてできる限り思い出しましょう**。内容にもよりますが、1項目につき1分以内が目安です。

そして、すべて思い出したと思ったら、該当ページを開き、実際に書かれている内容を確認します。自分が思い出した内容と、書かれている内容が完全に合致していればその章は頭に入っていることになります。しかし、最初の頃はそこまでしっかり頭に入っていないので、まったく思い出せなかったり、足りない部分があったりするでしょう。

まったく思い出せない場合は、まだ復習が足りていないか、頭に残りにくい内容である可能性が高いので、もう一度内容の復習をじっくり行ってください。その際には、目次だけを見たときにきちんと思い出せるようになっていることを意識しながら復習してください。意識することが大切です。

思い出せた部分もあれば思い出せなかった部分もある、というような場合には、思い出せた部分はざっと読み流し、思い出せなかった部分に絞って詳細を復習します。そうすることで勉強にメリハリがつけられますし、頭に残りにくい部分を集中的に勉強できますので効率的です。

目次学習は、非常に効果的ですので、是非試してみてください。私も受験時代、理論科目の論述があまり得意ではなく悩んでいました。テキストの内容だけを読んでいると、アタマで考えずにとりあえずただ暗記する、ということに走ってしまうのです。でも、本試験では丸暗記は通用しませんでした。この状況を改善するため、自分のアタマで考える、というプロセスを入れるために、目次だけ見て思い出すという勉強法を取り入れました。その結果、理論の論述もそこそこ安定的に点数がとれるようになったのです。

いきなりやってもはじめはうまくできないと思いますが、そこでやめないことが肝心。最終的にできるようになっていればいい、という気楽な気持ちで試してみてください。

壁にぶちあたったときの対処法

問題を解いていて、どうしても解けなかったり、いまいちしっくりこないとか納得できないというようなことがあります。そのような場合はどうすればいいのでしょうか。納得できるまでじっくり考えたほうがいいのでしょうか。

3分ほど考えても答えが出なかったり納得できないときは、ひとまず放置して、次の問題にとりかかってしまいましょう。

似たような問題を解くことで、さっきまで納得できなかった問題が腑に落ちることもあります。

また、何日か間を置いて解き直してみると意外とすんなり解けたりすることもあります。一度その問題から離れてみることで､道が開けてくることも多いですから、たった一つの問題に固執しすぎないようにしましょう。

時間は限られていますから、一つの問題にかける時間は短いほうがいいです。じっくり考えることも時には必要ではありますが、あくまでも目的はその問題が解けるようになることではなく、試験に合格すること。30分悩みに悩んだほうがいいのか、その間に問題を5問解いたほうがいいのか。受験生を見ていると、得てして一つの問題に固執しすぎる傾向にある気がしています。

分からないときは分からないと割り切って、また今度解けばいいや！と気持ちを切り替えてください。

時間を空けて再度解いてもまったく状況が変わらないとするならば、そのときにはもう一度テキストレベルの簡単な内容を読み返してみたり、友達や講師に質問すればよいでしょう。

ガンガン解きまくってもダメなのであればいったん間を空けてみる。そうすれば解けるようになるものです。恋愛と一緒です。押してダメなら引いてみましょう。

試行錯誤せよ

ここまで、様々な勉強法や、オススメのテクニックなどを書いてきました。

最後は結局、実践です。どれだけ良質な勉強法を学んだとしても、実際にやってみなければ何も始まりません。

良いと思って試してみた結果、あまり自分に合っていないこともあるでしょう。

すべては試行錯誤から始まるのです。

試してみて、そこから学び、修正して、自分なりに解釈を加えていく。

唯一絶対的な勉強法などありません。

万人にとってのベストはないかもしれませんが、個々人にとってのベストはあるはずです。そしてそれは、自分で見つけるしかないのです。

試行錯誤の回転が速い人から、合格に近付いていくのです。

どんどん試してください。そして、どんどん失敗してください。その結果残った勉強法こそが、あなたに合った最高の勉強法といえるでしょう。

第4章

試験当日を乗り切る技術

◉この章では、試験の直前期～試験当日の過ごし方について、意識しておきたいことをまとめました。直前期の過ごし方によって合否が変わることもしばしばあるのです。

この章では、試験の直前期～試験当日の過ごし方について、意識しておきたいことをまとめました。直前期の過ごし方によって合否が変わることもしばしばあります。私自身も、公認会計士試験を初めて受験したときには、直前期の過ごし方を誤ってしまい、あえなく撃沈しました。

最後の追い込みは、とても大切です。とはいえ、追い込みといっても、普段どおりの勉強以上のことをする必要はありません。逆に言えば、普段どおりのことを引き続き行っていくことが肝心です。直前になって勉強時間を大幅に増やしたり、睡眠時間を削ったとしても、体調を崩してしまうだけです。淡々と過ごすことを意識しましょう。

「ここまでやる」と決めてしまう

試験が近づけば近づくほど気になってしまうことがあります。

それは、本試験の予想問題。予想問題を解くと、それがそのまま出題されるのではないかと思い込んでしまいます。その結果、予想問題に出題された内容ばかり直前に勉強することになります。それがそのまま出題されればラッキーですが、当たらないことのほうが多いと思います。予想問題に引っ張られすぎて、本来やるべきことを見失わないようにしましょう。

また、他の予備校等の情報も気になります。自分がAという予備校に所属しているとすると、Bという予備校の情報が気になります。直前期になると、他の予備校の模擬試験などを受ける人も増えてきます。

A予備校で勉強している友達がB予備校の模擬試験を受け、その情報がA予備校に広がる。A予備校では勉強していないような論点が出題されていたりするともう大変です。不安になり、今からでもそのB予備校で出題された論点を勉強しようとします。ですが、直前期に初めて勉強するような内容が本試験までに身に付くわけがありません。使い物にならない知識は無意味どころか有害です。

特に最近では、SNSにより情報が拡散しやすくなっています。意図しないところで、勝手に情報が目に飛び込んできます。これを完全に排除することは難しいですので、自分の中で、手を出す範囲を明確にしておきましょう。

中途半端に知っている状態が一番良くありません。なんとなく見たことがあるような問題が試験に出題された場合には、解けるような気がしてくるので、つい手を出してしまいます。結果、解けずに時間を無駄にしてオシマイとなる可能性が非常に高いです。

だったらはじめからまったく知らないほうがよっぽどいいです。見たことがないのでスパっと飛ばすことができます。自分の通っている予備校や、使っているテキストを信じて、今まで勉強してきたことと同じことを繰り返しましょう。

結局言いたいのは、**「手を広げすぎないこと」**が大切だということです。最低限ここまではやりきろう！　その範囲が終わったら、同じことをもう一度繰り返そう！と決めることが大事です。

どんな試験であっても試験範囲をすべてパーフェクトに理解し、覚えてから試験を迎えられる人はいないに等しいです。みんな、どこかやり残した状態で試験当日を迎えるのです。

であれば、気持ちよく当日を迎えたほうがいいですよね。自分の中でここまでやるという線引きをしてしまって、それさえやりきって試験当日を迎えられれば、精神状態ですでに他の受験生に勝っていることになります。

直前期はいろいろな知識も入っていて、理解できることも増えていますから、ついつい手を広げたり、些末な論点に目がいきがちです。そこはぐっとこらえ、基礎期に勉強した内容を再確認するくらいの気持ちのほうがいいでしょう。

直前期に入ったら「バランス」を考慮する

受験勉強の序盤〜中盤にかけては、何か一つ強みとなる科目をつくってそれをとことん伸ばすことが大切です。しかし、直前期にはそれではいけません。おそらくこの時期になるまでに、得意不得意がなんとなく形成されていると思います。これまでに受けた模試などのテストの結果からも自覚していることでしょう。

この時期には、得意科目はほどほどに、苦手科目に時間を多めに割いてください。

特に足切りがあるような試験では。1科目ずば抜けていることはとても有利に働きますが、とてつもなく苦手な科目が一つでもあると足切りのリスクがあります。

実際に、連続して同じ科目で足切りされてしまった経験のある講師もいます。

直前期は、意識的に苦手な科目や嫌いな科目を勉強しましょう。そうしないと、人間は楽なほうへ流れてしまいますからますます苦手になってしまいます。

それと同時に注意点もあります。それは、得意科目をまったく勉強しなくなってしまうこと。得意科目は実績もあり、自信もあるでしょうから、もうやらなくても大丈夫と思ってしまいがち。

私自身の話ですが、直前期においては苦手科目にばかり時間を割いていました。ひどいときには8割くらいの時間を割いていましたね。その反面、今まで得意にしてきた科目についてはほとんど勉強せず。なんとかなると思って油断していました。

結果、どうだったか。一番得意で稼ぎ頭である科目のはずなのに、まったく点数を稼ぐことができませんでした。そして不合格となってしまったのです。

苦手をなくそうと意識しすぎるのもよくないんです。苦手科目に多くの時間を割く必要はありますが、得意科目をないがしろにしないように気をつけましょう。**直前期はバランス良く**です。

丸暗記で乗り切れるものを叩き込む

丸暗記で突破できてしまう資格や科目もあるでしょう。

直前期には特に、そのような科目に時間を割くのがオススメです。

記憶には、短期記憶と長期記憶があると言われますが、短期記憶でどうにかなってしまうものも少なからずあるはずです。
○か×かの正誤判断が付けば正答できる形式の試験であれば、直前の詰め込みは特に有効です。

1週間前に準備が終わるような計画を立てる

これは受験時代に講師が言っていた話です。その講師の友人は、とても成績が良く、普段から勉強ができる人でした。ですが、試験の1週間前に高熱を出し、なんと試験前日まで入院ということになってしまいました。

テキスト等の教材は病院に持ち込みましたが、体調も優れないし環境も悪いし、消灯時間は早いし食事は毎日同じようなもの。最悪の直前1週間を過ごしたのです。その人の試験結果はどうだったと思いますか?

実は、文句なしの合格だったのです。直前1週間ほとんど勉強できなかったのにも関わらず、です。

なぜ合格できたのか、講師は友人に直接聞いたそうです。

すると「1週間前が本番だと思って準備しておいたからね!」と言っていたというのです。

何があるか分からない。急に体調を崩すかもしれないし、身内の不幸があるかもしれない。何があっても大丈夫なように、1週間前に照準を定めて計画を立てていたのです。

これはすごいと思いました。と同時に、とても良い方法だと思ったので、自分にも取り入れてみました。1週間前に終わらせようとすると、必然的にやれる量は限られてきます。その結果、やることをイヤでも絞らざるを得なくなります。

先ほど148ページに書いたことにつながりますね。そして、絞った内容を1週間前に終わらせるように勉強すると、本当に1週間前には終わるのです。不思議なものです。

1週間前に終わらせると決めてしまえば、終わるようになっているのです。では、終わった後はどうするのか？　終わったからまだやっていない新しい内容に手を出してもいいのか？　答えはNOです。

1週間前に終わって、特に体調にも問題なく残り1週間も通常どおり過ごせるのであれば、これまでやった内容をもう一度振り返りましょう。新しいことに手を出すのはダメです。同じことを繰り返し繰り返し。本当に身に付いたことだけしか試験では通用しません。

最後の最後は基礎の確認を

どんな試験であっても、合否の分かれ目となるのは、ほとんどの場合、基礎的な問題です。

いつもであれば簡単に解けるはずの問題が、なぜか試験当日には解けなくなってしまう。それくらい、試験当日は緊張します。ですから、最後の最後にもう一度、基礎の確認をしておきたいのです。

直前に初めて見たような論点を改めて定着させるより、基礎期に十分に学習してきた論点をじっくり復習したほうが、結果につながるはずです。

すべて知識を得ているこのタイミングだからこそ、基礎に戻っていただきたいです。

体調管理・メンタル管理は試験の一環と心得よ

よく言われることですが、**体調管理は重要**です。

普段の体調管理ももちろん大切ではありますが、特に直前期はもろに試験結果に影響してきますので絶対欠かせません。

心がけておくこととしては、十分な睡眠、栄養バランスのとれた食事、手洗いうがい、マスクの着用など。

恥ずかしながら、私は受験勉強を始めるまでは手洗いうがいの習慣は一切なかったのですが、受験を始めたことによってこれが身に付きました。

いまでは外から室内に入ったときには必ず手洗いうがいをするようにしています。

くせになったというか、習慣化してしまったのですね。それくらい気を遣っていいことですので、特に直前期は意識して身体をいたわってあげましょう。

なぜここにその内容を書いたかというと、直前期はとても体調を崩しやすいからです。試験が近づき、精神的に不安定になってしまう可能性もありますし、ついナーバスになってしまいます。メンタル面が弱りやすいんですよね。そうなると、「病は気から」とも言うように、本当に身体も悪くなってしまいます。

それまで順調だったのに、当日高熱が出てしまい実力を発揮できなかった、ということにならないよう、注意してくださいね。

試験の数日前からは、自宅にこもって、人と接触しないようにするのが一番確実です。人を介して風邪を引くことがほとんどですからね。

さらに極端な例ですが、数日前から試験会場の近くにホテルを取っておき、そこに寝泊まりしながら最後の勉強をしている人もいたりします。人生を懸けた大一番であれば、これくらい徹底してもいいかもしれません。

生活リズムを試験当日に完全に合わせる

脳の活動が活発になるのは、起床してから3～4時間後と言われていますし、マラソンでも、スタート時間の4時間前に起床するのが理想的と言われています。身体が完全な状態になるのには時間がかかるということですね。

ですから、自分が受験する試験の開始時間を調べ、遅くともその**3時間前には起床**していることが大切です。

仮に試験開始時刻が午前10時だとすると、午前7時には起床している必要があるわけです。

もし普段午前9時に起床している人が、いきなり試験当日だけ午前7時に起きようとするとどうなってしまうでしょうか。おそらく、ぼ～っとしたままの頭で試験会場に向かうことになってしまうでしょう。

結果、力を出し切ることができずに終わってしまう可能性が高いです。

理想的なのは、常日頃から試験当日を意識した生活を送ることですが、あまり厳しくしすぎると続きません。遅くとも試験から1週間前を目安に、本番と同じ時間に起床する生活に切り替えればいいでしょう。

さらに言えば、起床時間のみならず、食事をする時間や食べるもの、家を出る時間、合間に飲むものなども、試験当日をシミュレーションしながら、合わせておきたいところです。

当日の荷物は最小限に抑える

まれに、ものすごい大荷物で試験会場にやってくる受験生を目にします。その気持ちも分からなくはありません。

試験のまさに直前に見ていた内容がそのまま出題されれば、簡単に得点できる可能性が高まるかもしれません。しかし、その確率ってどの程度あるのでしょうか。あまり高いとは思えません。

たくさん荷物を持って来すぎて、結局満足に確認することもできずに試験時間を迎えることになってしまった場合、精神的に良くないです。

さらに、持って来たのに確認できなかった内容が1問目に出てきたりしたら、いきなり後悔からスタートすることにもなりかねません。

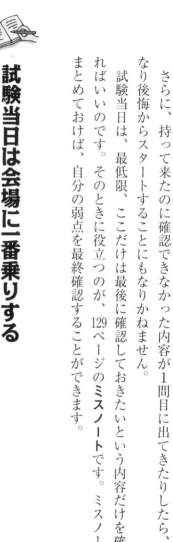

試験当日は、最低限、ここだけは最後に確認しておきたいという内容だけを確認すればいいのです。そのときに役立つのが、129ページの**ミスノート**です。ミスノートにまとめておけば、自分の弱点を最終確認することができます。

試験当日は会場に一番乗りする

何が起こるか分からないのが面白い世の中ですが、自分が受験する大切な試験のその日に、普段では起こらないようなことが起こってしまう可能性がないとは言い切れません。何が起きても大丈夫なように、受験会場には誰よりも早く着いているようにしましょう。

移動手段が断たれてしまうリスクがあります。多くの方は電車を使って試験会場に向かうことになるでしょう。そうすると、電車の人身事故による遅延や車内トラブルなど、いろいろなリスクが潜んでいます。最悪の場合、会場まで通じる唯一の電車がストップしてしまうかもしれません。

そう考えると、もっともリスクを抑えられるのは、試験会場のすぐそばのホテルに前泊するということかもしれませんね。ただ、いつもと違う環境なのでしっかり眠れないかもしれないリスクが生じてしまいますからご注意ください。

試験会場に慣れるという観点からも、一番乗りは効果的です。ほとんどの人にとっては、試験会場は初めて行く場所になるでしょう。人間には、初めて見るものに対しては興奮してしまったり、焦ってしまったり、緊張してしまったり、落ち着かなかったり、ドキドキしてしまったりする性質があります。

試験問題にすべての力を注がなければならないのですが、初めての場所だと周りが気になって、脳の容量を使ってしまうことになるのです。

このような状況を少しでも改善するためには、人よりも長い時間その環境に身を置いておくことが大事です。

もし可能であれば、**前日までに会場の下見をしておく**となおいいでしょう。どの教室になるかは分からないまでも、会場に至るまでの道のりや、会場全体の雰囲気などが予め分かっているだけでも、当日の緊張感は違ってきます。

私は会計士試験に合格した年の試験は、その前の年とは違う会場で、当然行ったことのない場所でした。試験の1週間ほど前に、確かめに行きました。当日と同じ経路、同じような時間帯に、会場まで無事にたどり着けるか試しました（そして会場のすぐそばのカレー屋さんでカツカレーを食べて帰ってきたのはここだけの話です）。

実は、その前の年の受験のとき、受験会場のすぐ近くには辿り着いたのですが、キャンパスを間違えそうになってしまった経験がありました。しかも、ちょうどその日は別の資格試験がそちらのキャンパスで行われることになっており、受験会場の案内なども出ていたので、うっかり間違えてしまったのです。

幸い、だいぶ早めに着いていたこともあり事なきを得ましたが、あれがもし試験開始ギリギリの時間帯だったらと思うと、ゾッとします。

一番乗りするつもりで行動していれば、多少のハプニングがあっても大丈夫です。精神的にも余裕ができます。

終わった科目のことは一切考えない

複数科目のある試験の場合、１日に何科目も試験があります。このときに一番やってはいけないのは、前の科目のことを次に引きずってしまうこと。特に、前の科目がいつもよりもできなかったと感じてしまった場合です。そういったマイナスのことは、一度気になってしまうと、なかなか頭から離れません。

とにかく、**終わったことは振り返らない**ことです。答案用紙を提出したら、すぐ気持ちを切り替えて次の科目の準備をしましょう。

私が受験したとき、予備校の友達同士で終わった科目について話している人がいましたが、まったくもって意味のない行動です。しかも教室でそんな話を大声でされてしまうと、周りもとても迷惑です。それは絶対にやめましょう。

そういう人が試験会場にいる可能性もありますから、試験中の集中のためではなく、休み時間に余計な言葉を耳に入れないためにも耳栓を用意しておいたほうがいいかもしれません。

前の科目のことを忘れるためには、次の科目のテキストなどを取り出してさっさと準備に取りかかることです。目の前の、倒すべき相手に集中するのです。

試合終了のホイッスルが鳴るまで絶対に諦めない

最後の科目になると、疲れてきて集中力も落ちていることが考えられます。しかし、最初の試験科目も最後の試験科目も、合格するためにはどちらもとても大切なもの。最後の科目だからといって手を抜いていいわけはありません。

最後の最後までできる限り集中し、終了の合図があるまでは絶対に諦めないでください。1点でも多くもぎ取れるように、点数を取れるところが他にないか探しましょう。

時間が余ったら、徹底的に見直しをしましょう。その1点に泣く人が、どんな試験でも毎年必ずいるのです。自分がそうならないためにも、とにかく1点でも多く、点を取りに行くことです。

諦めたらそこで試合終了ですよ。

第5章

受験に効く「いいコトバ」

◉この章では、受験勉強を進めていくなかで、ちょっと立ち止まってしまったとき、モチベーションが下がりそうなとき、勉強したくないなと思ったとき、勉強方法に迷ったときなど、ふとした瞬間に思い出したいコトバを紹介します。自分を鼓舞してくれるコトバをたくさん持っておくことで、救われることは少なくないはずです。1つでも2つでも、自分の脳内にストックしておいていただければ幸いです。

【合格を呼び寄せる言葉】

合格可能性は50パーセント

どんな難関資格であれ、自分が受かるか落ちるか、どちらかしかありません。そう考えると、合格可能性は常に50パーセントです。一般に公表されている合格率に惑わされず、合格のためにやるべきことを積み上げていきましょう。

【合格を呼び寄せる言葉】

ORに逃げるな。ANDを探せ！

たとえば、量か質か？　理解か暗記か？　など、すべてを二項対立で考えてしまいがちです。でも、たいていの場合、どちらも大事だったりするものです。両方を満たせるような解はないかどうか、常に探し続けましょう。

因
↓
縁
↓
果

【合格を呼び寄せる言葉】

結果には必ず原因があります。しかし、原因があったら必ずその結果になるわけではないのです。目に見えない「縁」が必ず関わっています。合格という結果が欲しいなら、まず原因を作る（勉強する）ことが大切ですが、それだけで合格できるわけではありません。周りの環境、受験仲間、当日の体調、試験の出題傾向など、様々なものの影響を受けます。厳しいですが、やれば必ず結果が出ると言えないのが、資格試験なのです。ただ、因のないところには、縁も果もやってこないのは間違いありませんから、合格のための因作りに励んでいただきたいです。

人事を尽くして天命を待つ

【合格を呼び寄せる言葉】

この順番が重要です。人事を尽くした人だけに、天命を待つ権利が与えられます。ここまでやり切ったら、もう悔いはない。そう言えるくらい、やり切ってください。

【合格を呼び寄せる言葉】

今日という日が一番若い

いまさらやってもな…という言葉、口癖になっていませんか？何をするにも、遅いということはありません。今日という日が一番若いのですから、やりたいと思ったら、ためらわずやってみましょう。資格を取りたいと思ったら、取るために勉強を始めてください。遅いなんてことはありませんよ。

マンネリを
感じたら勝ち！

【合格を呼び寄せる言葉】

勉強を続けていると、マンネリを感じることがあります。マンネリを感じると、モチベーションも下がりがちになります。私にもそのような時期がありました。

どれだけ勉強しても、同じことの繰り返しに思えてしまうし、成績の伸びも感じられない。そんな時期は必ずやってきます。

ただ、マンネリは、慣れてきたことの裏返しでもあります。

慣れてきたから停滞感を感じるようになっているだけ。

マンネリを感じたら、慣れてきた、定着してきたなと思うようにしてみましょう。

真因を発見せよ！

【合格を呼び寄せる言葉】

受験勉強で大切なのは、できなかった問題をできるようにすること。そのためには、できなかった真の原因（＝真因）を発見する必要があります。徹底的に分析し、原因を特定するのです。

ここでのポイントは、「徹底的に」というところ。徹底的にというと、なんとなくのイメージはつくかもしれませんが、本当に心の底から徹底的の意味を理解できている人は、実はそれほど多くないと思います。

徹底的とは、底までつらぬき通ること、中途半端でなく一貫していることを意味します。どこまで真剣にミスの分析をし、ミスと向き合えるか。これが合否を分けるのです。

集中！
集中！
集中！

【合格を呼び寄せる言葉】

集中力を欠いている状態での勉強ほど、もったいない時間の使い方はありません。なんとしても、高い集中力を保った状態で勉強してください。そのために有効なのは、時間を区切って勉強することです。そして、集中出来る時間は1日のなかで、だんだんと短くなっていきます。たとえば、午前中は90分単位、午後は60分単位、夕方以降は30分単位など、区切る時間を短くしていくことがオススメです。

休息も大事な一科目

【合格を呼び寄せる言葉】

切羽詰まってくると、休んでいる時間すらもったいないと感じるようになります。それはそれで、勉強への向き合い方として良い方向ではあるでしょう。勉強しないと不安になってしまうようになっていれば、勉強の基軸は固まったといえます。

ただ、そういう人こそ、しっかり休むことが大切です。疲れる前に、休みましょう。ぼーっとするだけでもＯＫ。散歩したり、趣味があるならそれをやる時間を、意図的に作ることです。休息も大事な受験の一科目と思って、スケジュール表に入れてみては。

変化は痛みを
伴うものである

【合格を呼び寄せる言葉】

身長が伸びたり身体が変化していくときに子供が感じる、原因不明の下半身の痛みを、成長痛と言うそうです（厳密には成長とは関係ないという説もあります）。変化には、必ず痛みが伴うのです。今まで何気なく過ごしていた日々になかに、受験勉強という変化が加わる。それは、しんどいことや辛いことも多くなるでしょう。それは、必要な痛みだと思ってください。

自信は持っても過信はするな！

【合格を呼び寄せる言葉】

私が1年目の論文式試験で不合格になったのは、自分の実力を過信していたからです。A判定も出たし、大丈夫と勘違いしていました。謙虚さが足りませんでした。

自信を持つことは必要です。積み重ねてきた実績がなければ、自信は持てないはずですから。ただ、行き過ぎて過信にならないように気をつけましょう。驕らず、謙虚にいきましょう。

不安は本気の裏返し

【合格を呼び寄せる言葉】

試験が近付けば近付くほど、不安になりますよね。それは、あなたが真剣に勉強と向き合って、ここまで積み重ねてきたからです。そのプレッシャーを自信に変えましょう。合格が手に届きそうだからこそ、不安になるのです。不安を感じているなら、大丈夫ですよ。そのまま、試験当日まで勉強を続けていってください。

微差の積み重ねが
絶対差となる！

【合格を呼び寄せる言葉】

朝の連続テレビ小説は、1日15分の放送です、1日、2日見ていても、状況が大きく変わることはありません。しかし、放送開始直後の状況と、放送終了直前の状況を比べると、まったく別の物語であるかのような大きな変化が起こっています。

勉強も同じ。1日単位での差は、目に見えないほど小さいものでしょう。しかし、それが1ヶ月、3ヶ月、半年、1年と積み重なると、大きな差になっているのです。日々の積み重ねが、気づけば絶対的な差となって急に現れてくる。でも、急に現れてきたように見えるその差は、1日1日の積み重ねでしか生まれないのです。

おわりに（旧著）

◆形あるものはいずれ消えゆく

勉強をした経験は一生消えることはありません。

私は公認会計士試験に合格してからおよそ1年後のクリスマスに、自分へのご褒美と称して時計を買いました。しかし、その3年後、自分の不注意からその時計を紛失してしまったのです。

ここから私は、形あるものはいずれ消えゆくものということを学びました。どうせなら、一生消えないものにお金を費やそう、というマインドに切り替わったのです。

実は本音を言うと、資格試験に不合格になってしまっても構わないと思っています。因→縁→果ですから、必ずしも良い結果が出るとは限りません。その代わり、全力で努力すること。合格するという目標を掲げたならば、それに勝利することにとことんこだわらなければなりません。

本当に後悔することのないくらい勉強していれば、仮に結果が不合格であっても素晴らしいものが残ります。それは、自分だけにしか語れないかけがえのない経験です。今の社会では、意思と能力さえあれば、働くことはいくらでもできます。資格予備校の講師が言うのもおかしいかもしれませんが、資格なんかなくたっていいんです。

受験勉強を通じて得た経験は一生消えることはありません。資格自体は、事件を起こして捕まれば剥奪されてしまう可能性もある、もろくて儚い有形資産です。有形資産よりも無形資産。必死に一つの目標に向かって勉強するという経験はかけがえのない財産になります。

学生時代に嫌々やっていた期末試験の勉強とは訳が違うのです。どうせやるなら、とことんやってやりましょう。全力で取り組んだことだけが、自分のかけがえのない財産として一生涯残るものとなります。あなたの夢を叶えるお手伝いがこの本で少しでもできたのなら幸いです。

◆「やり方」より「あり方」

勉強の具体的な「やり方」よりも、勉強する主体である自分はどうあるべきか、その「あり方」を考えていただけるように書いてきました。

結局のところ、どんなに優れた勉強法があったとしても、それを実践する自分自身に合っていなければ意味がありません。

どういう方法で勉強しようかということを考えることも必要なことではありますが、まずその前に、自分自身としっかり向き合って、その勉強法を使いこなそうとしている自分はいったいどんな人間なのか、どこに向かいたいのかを考えてみて欲しいのです。

おわりに

ここまでお読みいただきありがとうございます。最後に、少し時間を取って、この本に書いてあった内容を思い出し、自分なりにまとめてみてください。箇条書きでも、文章にしても、図にしてみてもいいでしょう。

いかがでしたでしょうか。何かしら、書けましたでしょうか？　うまく書けたかどうかは、あまり問題ではありません。この、「思い出す」という行動が、記憶の強化のために大切なのです。もし何も思い出せなかったとしても、それはそれでいいのです（本当はちょっと切ないですが）。最後にもう一度、目次だけでも復習してみてください。

一人でも多くの人に、資格を取得することで自信をつけ、人生を変えて欲しい。資格でなくても、何かしらの目標を立てて、目標に向けて努力し、そして目標を達成する。その喜びを知って欲しい。そう思って、本書の改編に取り組んできました。

正しく、たくさん勉強すれば、合格に近づくことは間違いありません。本書の内容を少しでも活かしていただけたら嬉しいです。

Twitter経由でもブログ経由でもいいので、ぜひ、本書の感想を送ってください。こう書いても、実際に送ってくれる人はほとんどいませんから、連絡いただけたら泣いて喜びます。

２０１８年11月15日に永眠した父と、毎日病院に通い続けた母へ。本当にありがとう。

尾崎 智史（おざき・ともふみ）

慶應義塾大学商学部在学中に公認会計士試験に合格。大学４年次から大手資格予備校の講師として，これまでにのべ5,000人を超える受験者を指導し，多数の合格者を輩出。分かりやすく記憶に残りやすい講義、モチベーションの高まる講義に定評がある。
監査法人や一般事業会社の非常勤を経て公認会計士登録。尾崎公認会計士事務所を設立。ブログ（自由に生きるめがね会計士のブログ）やTwitter（@zakiocpa）等で、勉強法を中心とした発信を続けている。

勉強法《べんきょうほう》のキホン
～ラクラク合格「資格」勉強法～

2019年6月17日　　初版発行

著　者　　尾《お》崎《ざき》　智《とも》　史《ふみ》
発行者　　常　塚　嘉　明
発行所　　株式会社　ぱる出版

〒160-0011　東京都新宿区若葉1-9-16
03(3353)2835―代表　03(3353)2826―FAX
03(3353)3679―編集
振替　東京 00100-3-131586
印刷・製本　中央精版印刷(株)

ISBN978-4-8272-1188-7 C0030